Skalden und Skaldinnen

Bewahrer der Tradition
Sänger und Dichter

Band 61 der Reihe „Die Götter der Germanen"

Bücher von Harry Eilenstein:

- Astrologie (496 S.)
- Photo-Astrologie (64 S.)
- Tarot (104 S.)
- Handbuch für Zauberlehrlinge (408 S.)
- Physik und Magie (184 S.)
- Der Lebenskraftkörper (230 S.)
- Die Chakren (100 S.)
- Meditation (140 S.)
- Drachenfeuer (124 S.)
- Krafttiere – Tiergöttinnen – Tiertänze (112 S.)
- Schwitzhütten (524 S.)
- Totempfähle (440 S.)
- Muttergöttin und Schamanen (168 S.)
- Göbekli Tepe (472 S.)
- Hathor und Re:
    Band 1: Götter und Mythen im Alten Ägypten (432 S.)
    Band 2: Die altägyptische Religion – Ursprünge, Kult und Magie (396 S.)
- Isis (508 S.)
- Die Entwicklung der indogermanischen Religionen (700 S.)
- Wurzeln und Zweige der indogermanischen Religion (224 S.)
- Der Kessel von Gundestrup (220 S.)
- Der Chiemsee-Kessel 876)
- Cernunnos (690 S.)
- Christus (60 S.)
- Odin (300 S.)
- Die Götter der Germanen (Band 1 – 80)
- Dakini (80 S.)
- Kursus der praktischen Kabbala (150 S.)
- Eltern der Erde (450 S.)
- Blüten des Lebensbaumes:
    Band 1: Die Struktur des kabbalistischen Lebensbaumes (370 S.)
    Band 2: Der kabbalistische Lebensbaum als Forschungshilfsmittel (580 S.)
    Band 3: Der kabbalistische Lebensbaum als spirituelle Landkarte (520 S.)
- Über die Freude (100 S.)
- Das Geheimnis des inneren Friedens (252 S.)
- Von innerer Fülle zu äußerem Gedeihen (52 S.)
- Das Beziehungsmandala (52 S.)
- Die Symbolik der Krankheiten (76 S.)

Kontakt: www.HarryEilenstein.de / Harry.Eilenstein@web.de

Impressum: Copyright: 2011 by Harry Eilenstein – Alle Rechte, insbesondere auch das der Übersetzung, vorbehalten. Kein Teil des Buches darf ohne schriftliche Genehmigung des Autors und des Verlages (nicht als Fotokopie, Mikrofilm, auf elektronischen Datenträgern oder im Internet) reproduziert, übersetzt, gespeichert oder verbreitet werden.

Herstellung und Verlag: BoD - Books on Demand, Norderstedt   **ISBN:** 9783744800808

für Bragi

Inhaltsverzeichnis

I Die Skalden in der germanischen Überlieferung

In diesem Buch wird nur beschrieben, was über die Skalden und Skaldinnen bekannt ist – die Dichtkunst selber wird in Band 77 „Die vollständige Edda des Snorri Sturluson" und in Band 78 „Frühe Skaldenlieder" sowie in Band 75 „Kenningar" dargestellt.

I 1. Allgemeine Betrachtungen

In diesem Kapitel werden zunächst einmal die Anzahl der Skalden, ihrer Lieder, die Länge ihrer Lieder und ähnliche allgemeine Kriterien betrachtet.

I 1.a) Übersicht über die Skalden-Lieder

Es sind 598 Lieder von 485 namentlich bekannten Skalden und Skaldinnen überliefert worden.

Dazu kommen noch über 250 Lieder von anonymen Skalden sowie einige sehr lange Werke wie das Beowulf-Epos, das 43 Strophen mit insgesamt 3.182 Versen hat.

Die erhaltenen Lieder sind zum Teil recht lang, sodaß sich, obwohl meistens nur eine Strophe erhalten geblieben ist, 6.584 Strophen bekannt sind.

Das sind insgesamt über 53.000 Verse. Zum Vergleich: Das indische Rig-Veda besteht aus 1.028 Liedern mit insgesamt 10.600 Versen und die griechische Illias hat zusammmen mit der Odyssee, die beide in 24 Gesänge unterteilt sind, 17.803 Verse.

Schon die reine Menge der von den Germanen überlieferten Lieder ist also sehr groß.

Diese Lieder stammen fast alle von den Nordgermanen – wobei der Anteil der Lieder aus Dänemark und Schleswig sehr gering ist. Fast alle Lieder stammen aus Island und Norwegen und zu einem deutlich geringeren Teil aus Schweden.

I 1. b) namentlich bekannte Skalden

Die folgende Liste der Skalden, die namentlich bekannt sind, ist annähernd vollständig. Die in Klammern stehende Zahl hinter den Skalden gibt die Zahl der von ihnen überlieferten Lieder an.

Adils der König (1)
Alfr Eyjolf-Sohn (0)
Alrekr der König (1)
(König) Angantyr Arngrim-Sohn (1)
(König) Angantyr Heidrek-Sohn (1)
Arnhallr Thorvald-Sohn (0)
Arngrim der Abt Brand-Sohn (3)
Arno der Lange (0)
Arni Schief-Kiesel (0)
Arnorr Kalf-Sohn (0)
Arnorr Jarl-Skalde Thord-Sohn (8)
Arnorr Saxa-Sohn (0)
Asen-Thordr (0)
Asgrimr Ketil-Sohn (0)
Atli der Kleine (1)
Audr (1)
Audunn der üble Skalde (2)
Amundi Arni-Sohn (1)
An Bogenbieger (1)
Armodr (1)
Arni der Abt Jons-Sohn (2)
Arni der Nicht-Reiter Magnus-Sohn (1)
Asbjörn Thorstein-Sohn (1)
Asbjörn (2)
Asgrimr Jons-Sohn (1)
Asgrimr Ketil-Sohn (1)
Asmundr Grau-Langhaar (1)
Asmundr Helden-Verderber (1)
Asmundr (1)
Bardr der Schwarze (0)
Bardr von Uppland (1)
Bersi der Skalde Torfu-Sohn (2)
Bjarmi der Jarl (1)
Bjarni der Skalde (0)
Bajrni ...-Sohn (1)
Bjarni der Bischof Kolbein-Sohn (1)
Bjarnir Goldbrauen-Skalde Hallbjarn-
   Sohn (1)
Bjarni Kalf-Sohn (1)

Björn der starke Wikinger-Krieger
   Asbrand-Sohn (1)
Björn der Warmtal-Kämpfer Arngeir-
   Sohn (2)
Björn Krummhand (1)
Björn Ragnar-Sohn (1)
Björn (1)
Blakkr (2)
Blakkr der Skalde (0)
Bölverkr Arnor-Sohn (0)
Botolfr der Widerspenstige (1)
Bragi (0)
Bragi der Alte Bodda-Sohn (5)
Bragi Hall-Sohn (0)
Brandr der Weitgereiste (1)
Brandr (1)
Bruni (1)
Brusi Halla-Sohn (1)
Brynjolfr das Kamel (1)
Bödmodr Framar-Sohn (1)
Bödvarr der Bär (1)
Bölverkr Arnor-Sohn (1)
Dagfinnr Gudlaug-Sohn (0)
Dagstyggr Thord-Sohn (1)
Egill Skallagrim-Sohn (8)
Eilifr Godrun-Sohn (3)
Eilifr der Rosenkranz-Diener (3)
Eilifr Snorri-Sohn (1)
Einarr der Träumer Thorstein-Sohn (1)
Einarr Gil-Sohn (3)
Einarr Klingel-Waage Helgi-Sohn (5)
Einarr Skula-Sohn (14)
Einarr Bauch-Schüttler Eindridi-Sohn (1)
Einarr aus Thvera Eyjolf-Sohn (2)
Eindridi Einar-Sohn (1)
(König) Eiriki Ragnar-Sohn (1)
Eirikr der Vorsichtige (1)
Eirikr (1)
Eldjarn (1)

Elch-Frodi (1)
Erringar-Steinn (1)
Eyjolfr Bruni-Sohn (1)
Eyjolfr der tatkräftige Skalde (1)
Eyjolfr der Alte (1)
Eyjolfr Valgerdi-Sohn (1)
Eysteinn Asgrim-Sohn (0)
Eysteinn der König (1)
Eysteinn Valdi-Sohn (1)
Eyvindr Skalden-Verderber Finn-Sohn (3)
Feuer-Njal Thorgeir-Sohn (1)
Finngalkn (1)
Fjölmodr Skafnörtung-Sohn (1)
Framarr der Wikingerkönig (1)
Fridthjofr Thorstein-Sohn (1)
Gamli der hochgewachsene Skalde (2)
Gamli der Domherr (2)
Gauti der König (1)
Gestr Thorhall-Sohn (1)
Gestumblindi (1)
Gillingr Skafnörtung-Sohn (1)
Gizurr der Fels-Bewohner (1)
Gizurr der Schwarze Goldbrauen-Skalde
  (2)
Gizurr Thorvald-Sohn (2)
Gisl Illugi-Sohn (2)
Gisli Sur-Sohn (1)
Gisli Thorgaut-Sohn (1)
Glumr Geiri-Sohn (3)
Glumr Thorkel-Sohn (1)
Goldasen-Thord (2)
Grani der Skalde (2)
Grettir Asmund-Sohn (4)
Grimkell Bjarni-Sohn (1)
Grimr Droplaug-Sohn (1)
Grimr Hjalti-Sohn (1)
Grimr Fellwange (1)
Griss Säming-Sohn (1)
Gudbrandr aus Kühlort (2)

Gudlaugr (1)
Gudmundr Asbjarn-Sohn (1)
Gudmundr der Skalde (0)
Gudmundr Galti-Sohn (1)
Gudmundr Odd-Sohn (1)
Gudmundr Sverting-Sohn (1)
Gunnarr Hamund-Sohn (1)
Gunnarr Lambi-Sohn (1)
Gunnlaugr Leif-Sohn (2)
Gunnlaugr Schlangenzunge Illugi-Sohn
  (3)
Gusi der Finnenkönig (1)
Guthormr der Bettlägrige (0)
Guthormr der Kurze Helgi-Sohn (1)
Guthormr der Dunkle (1)
Gydr der Bischof und Exsteinn
  Asgrim-Sohn (1)
Haflidi (1)
Haken-Ref (1)
Hakon der Priester Harald-Sohn (1)
Halfr Hjörleif-Sohn (1)
Hallar-Steinn (4)
Hallbjörn Schwanz (1)
Hallbjörn Odd-Sohn (1)
Halldorr Nicht-Christ (1)
Halldorr Rannveig-Sohn (1)
Halldorr der Laute (4)
Hallfredr der schwierige Skalde Ottar-
  Sohn (5)
Hallgrimr (1)
Halli der Berserker (1)
Halli der Schlagfertige (0)
Halli der Steife (1)
Hallmundr der Hügelgrab-Bewohner
  (1)
Hallmundr (2)
Hallr der Mönch (0)
Hallr Snorri-Sohn (2)
Hallr Thorarin-Sohn Breitbauch (1)

Hallstein Thengil-Sohn (1)
Hallvardr der blasse Kampfkönig (1)
Hallvardr Weißsträhne (0)
Hallvardr (1)
Hammer-Skalde (0)
(König) Harald Hart-Rat Sigurd-Sohn (2)
(König) Harald Haarschön Halfdan-Sohn (2)
Harekr von Thjotta (1)
Hasteinn Hromund-Sohn (1)
Hastigi (1)
Haukr Valdi-Sohn (1)
(König) Heidrekr (1)
Heidrekr (1)
Helgi Asbjarn-Sohn (1)
Helgi der Skalde Thord-Sohn (2)
Havardr der lahme von den Eisfjord-Leuten (2)
Helgi der Helfer Olaf-Sohn (1)
Hildibrandr (1)
Hallr der Skalde (1)
Hajlti Skeggi-Sohn (1)
Hjalmarr der Großherzige (1)
Hjalmther Ingi-Sohn (1)
Hjörleifr der König (1)
Hjörtr (1)
Hlödr Heidrek-Sohn (1)
Hofgarda-Refr Gest-Sohn (5)
Hördr Grimkel-sohn (1)
Hördr (1)
Höskuldr der Blinde (0)
Hrafn Önund-Sohn (1)
Hreggvidr der König (1)
Hringr der König (1)
Hrokr der Schwarze (1)
Hromundr der Lahme Eyvind-Sohn (1)
Humli der König (1)
Hundingi der König (1)
Hvitserkr Ragnar-Sohn (1)

Illugi der Brandtal-Skalde (2)
Ingimarr von Aski Svein-Sohn (1)
Ingimundr Einar-Sohn (1)
Ingjaldr Geirmund-Sohn (3)
Innsteinn Gunnlad-Sohn (2)
Imsigull Skafnörtung-Sohn (1)
Ivarr Ingimund-Sohn (1)
Ivarr Kalf-Sohn (0)
Ivarr Ragnar-Sohn (1)
Jarl Gizurr (0)
Jatgeirr der Skalde (0)
Jatgeirr Torfi-Sohn (1)
Jon Klein-Fisch Egil-Sohn (0)
Jon Thorvald-Sohn (1)
Jökull Bard-Sohn (1)
Kalfr Mana-Sohn (0)
Kalfr von Hvannar (0)
Kali Säbjarni-Sohn (1)
Kampf-Glum Eyolf-Sohn (1)
Kampf-Styrr Thorgrim-Sohn (1)
Karl der Rote (1)
Kalfr Hall-Sohn (1)
Kari Sölmund-Sohn (1)
Ketill Forelle (1)
Klaufi Snäkoll-Sohn (1)
Klöingr Thorstein-Sohn (1)
Kolbeinn Tuma-Sohn (3)
Kolgrimr der Kleine (1)
Kolli der Prächtige (1)
Kolli der Skalde (0)
Kormakr Ögmundr-Sohn (3)
Kveldulfr Bjalfi-Sohn (1)
Leidolfr der Skalde (1)
Leiknir der Berserker (1)
Ljotr der Skalde (0)
Ljotr Sumarlida-Sohn (0)
Loptr Pal-Sohn (1)
(König) Magnus Barfuß Olaf-Sohn (1)
Magnus der Priester Olaf-Sohn (1)

Magnus Thord-Sohn (1)

Markus Skeggi-Sohn (4)

Meermann (mythologische Gestalt) (1)

Magus der Jarl (1)

Mani (3)

Modolfr Ketil-Sohn (1)

Narfi (1)

Nefari (1)

Neri (1)

Nikulsa Berg-Sohn (2)

Odarkeftr (0)

Oddi der Kleine Glum-Sohn (1)

Oddr der Skalde aus Kikin (0)

Oddr von den Breitfjord-Leuten (1)

Oddr der sich zurückbiegende Skalde (2)

Oddr Snorri-Sohn (2)

Ögmundr Eythjof-Töter (1)

Ögmundr Dübel Thorvard-Sohn (1)

Ögvaldr der König (0)

Ölvir Herraud-Sohn (1)

Ölvir der Dieb (2)

Ormarr (1)

Ormr der Skalde von Barrey (1)

Ormr Steinthor-Sohn (2)

Ormr der Niederwerfende Jon-Sohn (1)

Ofeigr Skida-Sohn (1)

Olafr Bärenhitze Havard-Sohn (1)

Olafr Brynjolf-Sohn (1)

(König) Olaf der Heilige Harald-Sohn (1)

Olafr der schwarze Skalde Legg-Sohn (5)

Olafr der weiße Skalde Thord-Sohn (7)

Olafr Legg-Sohn (0)

Olafr Herdís-Sohn (0)

Olafr Skuli-Sohn (0)

Olafr Thord-Sohn (0)

(König) Olaf Tryggva-Sohn (2)

Önundr Ofeig-Sohn (1)Pfeile-Odd (2)

Ospakr Glum-Sohn (1)

Ottarr der Schwarze (4)

Pall Thorstein-Sohn (1)

(König) Ragnar Lodenhose (1)

Refr der Skalde (0)

Refr Gest-Sohn (0)

Refr von Hofgarda (0)

Reginn (1)

Rodgeirr Afla-Sohn (0)

Runolfr (0)

Runolfr Ketil-Sohn (1)

Rögnvaldr Jarl und Hallr Thorarin-Sohn (1)

Rögnvaldr Jarl Kali Kol-Sohn (2)

Schmuck-Oddr (1)

Schnecken-Halli (2)

Sigmundr Lamba-Sohn (1)

Sigmundr Angelhaken (1)

Sigurdr der Schmuck-Träger (0)

Sigurdr Jerusalemfahrer Magnus-Sohn (1)

Sigurdr Schlange-im-Auge (1)

Sigurdr der laute Priester Magnus-Sohn (1)

Sigurdr (1)

Sigvatr der Skalde (0)

Sighvatr Egil-Sohn (0)

Sigvatr Sturlu-Sohn (1)

Sigvatr Thord-Sohn (14)

Sjolfr (1)

Skafti Thorodd-Sohn (0)

Skallagrimr Kveldulf-Sohn (1)

Skapti Thorodd-Sohn (1)

Skarphedinn Njal-Sohn (1)

Skuli Illuga-Sohn (0)

Skuli Thorstein-Sohn (2)

Snjolfr (1)

Snorri But-Sohn (0)

Snorri der Priester Thorgrim-Sohn (1)

Snorri Sturlu-Sohn (9)

Snäbjörn (1)

Snäkollr Gunna-Sohn (1)
Soti (1)
Starkadr der Alte Storvirk-Sohn (2)
Stefnir Thorgil-Sohn (1)
Steinarr Sjona-Sohn (1)
Steinarr (1)
Steinn Herdis-Sohn (4)
Steinn Ofeig-Sohn (0)
Steinn Skafta-Sohn (0)
Steinthorr (1)
Stern-Oddi Helgi-Sohn (2)
Stufr der Blinde (0)
Sturla Bard-Sohn (1)
Sturla Sigvat-Sohn (1)
Sturla Thord-Sohn (9)
Sturlaugr der Fleißige Ingolf-Sohn (0)
Stufr der Blinde Sohn des Thord-Katze
   (1)
Styrbjörn (1)
Styrkarr Oddi-Sohn (1)
Sugandi der Skalde (0)
Suguvaldi (0)
Sumarlidi (0)
Svanr von Svansholi (1)
Svartr von Hofstödum (1)
Sveinn von Bakka (1)
(König) Sveinn Gabelbart Harald-Sohn
   (1)
Sveinn (2)
Svertingr Thorleif-Sohn (1)
Tannr Bjarni-Sohn (1)
Teitr der Skaldev
Thjalar-Jon Svipdag-Sohn (1)
Thjodolfr Arnor-Sohn (7)
Thoralfr der Priester (0)
Thjodolfr der Skalde (0)
Thjodolfr von Hvini (4)
Thjodolfr (1)
Thorarinn Luft (3)

Thorarinn Skeggi-Sohn (1)
Thorarinn Kurzmantel (2)
Thorarinn der Schwarze aus Masalid (1)
Thorolf-Sohn (1)
Thorarinn (1)
Thoralfr (1)
Thorbjörg (1)
Thorbjörn Bruni-Sohn (1)
Thorbjörn Disen-Skalde (2)
Thorbjörn Hornklaue (3)
Thorbjörn der krumme Skalde (1)
Thorbjörn der Schwarze (1)
Thorbjörn der Dünne (1)
Thorbjörn Angelhaken (1)
Thorbjörn der Skalde des Schiefen (0)
Thorbjörn der Verschwender (0)
Thordr der Skalde des Sigvaldi (0)
Thordr Hall-Sohn (0)
Thordr Kolbein-Sohn (0)
Thordr Sjarek-Sohn (0)
Thordr der Bauer (1)
Thordr der Unruhestifter (1)
Thordr Kolbein-Sohn (4)
Thordr Ameisen-Skalde (1)
Thordr der borstige Skalde (1)
Thordr Särek-Sohn (4)
Thordr vom Frischwasser-Fjord (1)
Thorfinnr Mund (1)
Thorfinn der Schreier (0)
Thorgeirr der Dänen-Skalde (0)
Thorgeirr der Gefleckte (1)
Thorgeirr Thorvald-Sohn (0)
Thorgils der Fischer (1)
Thorgils Höllu-Sohn (1)
Thorgils Oddi-Sohn (1)
Thorgrimr der Priester Thorstein-Sohn
   (1)
Thorhallr Fischfänger (1)
Thorir von Öxnakeldu (1)

Thorir Hundebein (1)

Thorir Eiszapfen (1)

Thorir Läppchen Ketil-Sohn (1)

Thorir der Skalde (1)

Thorir der Stolze Thord-Sohn (1)

Thorkell Fluß-Skalde (1)

Thorkell Gisli-Sohn (1)

Thorkell Hammer-Skalde (3)

Thorkell von Hraun-Tal (1)

Thorkell der Schneider Thord-Sohn (1)

Thorkell Skalli-Sohn (1)

Thorleifr der Skalde (0)

Thorleifr Jarl-Skalde Raudfeld-Sohn (4)

Thorleifr der Dunkle Thorkel-Sohn (1)

Thorleikr der Blonde (2)

Thormodr der Skalde des Kolbruni (2)

Thormodr Olaf-Sohn (3)

Thormodr Trefil-Sohn (1)

Thorolfr Mund (0)

Thorsteinn der Beleibte (0)

Thorsteinn Eyjolf-Sohn (0)

Thorsteinn Ingjald-Sohn (0)

Thorsteinn Örvendil-Sohn (0)

Thorsteinn Thorbjarn-Sohn (0)

Thorsteinn der Träumer (1)

Thorsteinn Schiff (1)

Thorsteinn Zeltstange Asgrim-Sohn (1)

Thorsteinn Thorvard-Sohn (1)

Thorvaldr der Weitgereiste Kodran-Sohn (1)

Thorvaldr der Schwache (1)

Thorvaldr Helgi-Sohn (0)

Thorvaldr Hjalti-Sohn (1)

Thorvardr Holzbein (1)

Thorvaldr Misch-Skalde (2)

Thorvardr Thorgeir-Sohn (1)

Thrainn Sigfus-Sohn (1)

Thrandr von Götu (1)

Tindr Hallkel-Sohn (2)

Tjörvi der Spötter (1)

Torf-Einarr Rögnvald-Sohn (1)

Torfi Valbrand-Sohn (1)

Toki der Wikinger (1)

Trausti Thorgrim-Sohn (1)

Ulfr der Rote (1)

Ulfr der Rittmeister Ospak-Sohn (1)

Ulfr Sebba-Sohn (0)

Ulfr Uggi-Sohn (2)

Unass Stephan-Sohn (0)

Utsteinn Gunnlad-Sohn (3)

Vagn Aka-Sohn (1)

Valgardr aus Velli (1)

Valthjofr (0)

Vetrlidi Sumarlidi-Sohn (1)

Vemundr Hrolf-Sohn (1)

Vitgeirr der Opferpriester (1)

Vigbjodr und Vestmarr (1)

Vigfuss der Sohn des Kampf-Glum (2)

Viglundr Thorgrim-Sohn (1)

Vilborg der Skalde (0)

Völu-Steinn (1)

Zweikampf-Bersi Veleif-Sohn (1)

Zweikampf-Skeggi (1)

I 1. c) namentlich bekannte Skaldinnen

Die namentlich bekannten Skaldinnen sind:

Arnfinns Tochter (0)	Ketilrid Holmkel-Tochter (1)
Armodrs Tochter (1)	Kleima Hrimnir-Tochter (1)
Asdis Bardar-Tochter (1)	Kraka (Aslaug) Sigurd-Tochter (2)
Busla (1)	Margerdr (1)
Feima Hrimnir-Tochter (1)	Ölvör (1)
Forad (1)	Olöf Sonnenstrahl Thoris-Tochter (1)
Gunnhildr Königs-Mutter (1)	Signy Halfdan-Tochter (1)
Gydja (1)	Signy Valbrand-Tochter (1)
Heidr die Seherin (1)	Skinnhufa (Hildisif) (1)
Heidr (1)	Steingerdr Thorkel-Tochter (1)
Helga Bard-Tochter (1)	Steinunn-Refs Dalk-Tochter (1)
Hergunnr (1)	Steinvör Sighvats-Tochter (1)
Hervör Hunding-Tochter (1)	Svanr von Svansholi (1)
Hervör (1)	Thorhildr Skaldenfrau (1)
Hetta (1)	Thuridr Tochter des Olaf Pfau (1)
Hildigunnr (1)	Unnr Mardar-Tochter (1)
Hildr Tochter des Hrolf Nase (1)	Vargeisa (Alfsol) (1)
Jorunn die schlanke Skaldin (1)	Yma Trollkönigin (1)

I 1. d) Skalden und Skaldinnen

Es sind 562 Lieder von 433 namentlich bekannten Skalden und 36 Lieder von 36 namentlich bekannten Skaldinnen überliefert worden. Das Verhältnis von Skalden zu Skaldinnen ist also ungefähr 12:1.

Von den Skaldinnen sind keine längeren Werke bekannt, sondern jeweils nur ein Lied – außer von Aslaug Sigurd-Tochter („Kraka"). Es ist allerdings auch von dem weitaus größten Teil der Skalden jeweils nur ein einzelnes Lied bekannt.

Die Lieder der Skaldinnen können jedoch durchaus auch mehrere Strophen haben – es sind nicht nur Einzelstrophen überliefert worden.

Die Lieder der Skaldinnen haben insgesamt 115 Strophen, d.h. im Schnitt 3,2 Strophen pro Lied. Der Gesamt-Schnitt liegt bei 11 Strophen pro Lied – was allerdings nur durch einige wenige Skalden-Lieder, die sehr lang sind, zustandekommt.

Wenn man einmal davon absieht, daß die namentlich bekannten Skaldinnen keine sehr langen Lieder verfaßt haben, scheint zunächst kein wesentlicher Unterschied zwischen den Skalden und den Skaldinnen bestanden zu haben.

Der Anteil der von den Skaldinnen liegt zwar nur bei gut 8%, aber es muß damals bei den Nordgermanen trotzdem ganz normal gewesen sein, daß Frauen Lieder verfaßt haben.

I 1. e) Skalden, von denen viel überliefert ist

Die folgende Liste enthält die 87 namentlich bekannten Skalden und Skaldinnen, von denen insgesamt 10 oder mehr Strophen überliefert worden sind.

In der Klammer hinter dem Namen steht die Anzahl der Lieder, zu denen diese Strophen gehören.

die bekannteren Skalden und Skaldinnen	
Anzahl der Strophen	*Skalde oder Skaldin*
10	Hördr Grimkel-Sohn (1) Ragnar Lodenhose (1) Klaufi Snäkoll-Sohn (1) Thorarinn Kurzmantel (2) Thordr Särek-Sohn (4)
11	Angantyr Heidrek-Sohn (1) Aslaug Sigurd-Tochter („Kraka") (1) Gudmundr Sverting-Sohn (1) Kampf-Glum Eyolf-Sohn (1) Skarphedin Njal-Sohn (1) Valgardr von Velli (1) Björn Krummhand (2) Asbjörn (2) Thorleif Jarl-Skalde Raudfeld-Sohn (2) Thormodr Olaf-Sohn (3) Utstein Gunlard-Sohn (3)

12	Angantyr Arngrim-Sohn (1) Hallmundr der Hügelgrab-Bewohner (1) Thordr der Bauer (1) Thorkell Gisli-Sohn (1) Schnecken-Halli (2)
13	Thorleikr der Blonde (2) Tindr Hallkell-Sohn (2) Ulfr Uggi-Sohn (2) Ingajaldr Geirmund-Sohn (3)
14	Gunnarr Hamund-Sohn (1) Zweikampf-Bersi Veleif-Sohn (1) Havardr der Lahme von den Eisfjord-Leuten (2)
15	Kolbein Tuma-Sohn (3)
16	Hjalmther Ingi-Sohn (1) Hofgarda-Refr Gest-Sohn (1) Viglundr Thorgrim-Sohn (1) Stern-Oddi Helga-Sohn (2)
17	Innstein Gunnlard-Sohn (2) Glumr Geiri-Sohn (3) Gunnlaugr Schlangenzunge Illugi-Sohn (3)
18	Thorarinn der Schwarze aus Masalid Thorolf-Sohn (1)
19	Hjalmarr der Großherzige (1) Thorarinn der Lange (3) Halldor der Unruhestifter (4)
20	Hervör (1)
21	Gisl Illigi-Sohn (2) Harald Hart-Rat Sigurd-Sohn (2)
23	Ketill Forelle (1)
24	Eilifir Godrun-Sohn (3)
25	Steinn Herdis-Sohn (4)
27	Haukur Valdis-Sohn (1) Hrokr der Schwarze (1) Björn der Hit-Tal-Kämpfer Arngeir-Sohn (2) Bragi der Alte Bodda-Sohn (5)

30	Thordr Kolbein-Sohn (4)
32	Oddr Snorri-Sohn (2)
33	Fridthjofr Thorstein-Sohn (1)
34	Starkad der Alte Storvirk-Sohn (2) Thorbjörn Hornklaue (3)
35	Rögnvaldr-Jarl Kali Kol-Sohn (2)
37	Gestumblindi (1) Gisli Sur-Sohn (1) Markus Skeggi-Sohn (4)
39	Arngrim der Abt Brand-Sohn (3)
40	Ottar der Schwarze (4)
42	Svartr von Hofstödum (1) Hallar-Steinn (4)
45	Bjarni der Bischof Kolbein-Sohn (1) Ivarr Ingimund-Sohn (1) Einarr Klingelwaage Helgi-Sohn (5)
47	Grettir Asmund-Sohn (4)
48	Thormodr Kolbrun-Skalde (2)
51	Kalfr Hall-Sohn (1) Eyvindr Skalden-Verderber Finn-Sohn (3)
64	Thjodolfr von Hvini (4)
69	Gamli der Domherr (2)
72	Kormakr Ögmund-Sohn (3)
78	Einarr Gil-Sohn (3)
81	Arni der Abt Jon-Sohn (2) Hallfredr der schwierige Skalde Ottar-Sohn (5)
84	Rögnvaldr-Jarl und Hallr Thorarinn-Sohn (1)
92	Thjodolfr Arnor-Sohn (7)
94	Arnor Jarl-Skalde Thord-Sohn (8)

103	Pfeile-Odd (2)
106	Sturla Thordr-Sohn (9)
127	Egil Skallagrim-Sohn (8)
147	Einarr Skuli-Sohn (14)
164	Sigvatr Thordr-Sohn (14)
171	Gunnlaug Leif-Sohn (2)
258	Snorri Sturluson (9)
358	Olaf der weiße Skalde Thord-Sohn (7)

I 1. f)   Die Verteilung der überlieferten Lieder auf die Skalden

Von mehr als drei Vierteln der Skalden und Skaldinnen ist nur ein einziges Lied überliefert worden.

Zahl der Lieder je Skalde/Skaldin	
Anzahl der Lieder	*Skalden/Skaldinnen*
1 Lied	307
2 Lieder	46
3 Lieder	16
4 Lieder	10
5 Lieder	5
7 Lieder	2
8 Lieder	2
9 Lieder	2
14 Lieder	2
0 Lieder	79

I 1. g) Die Verbreitung der Skaldenkunst

Der allergrößte Teil der überlieferten Lieder stammt aus Island und Norwegen aus der Zeit von 900-1200 n.Chr. Die Zahl der Menschen, die in dieser Zeit in Island und Norwegen gelebt haben, ist nur sehr schwer einzuschätzen – es werden nicht sehr viel mehr als 100.000 Menschen gewesen sein.

Wenn man von einem durchschnittlichen Alter der ca. 400 bekannten Skalden und Skaldinnen von 60 Jahren ausgeht, leben in den 300 Jahren von 900-1200 n.Chr. in Island und Norwegen jeweils ca. 100 Skalden und Skalden, die immerhin so bekannt waren, daß von ihnen Lieder überliefert worden sind. Das wäre dann ungefähr ein „berühmter Skalde" auf 1000 Menschen.

Wenn man jedoch bedenkt, daß nur ein sehr kleiner Teil der Lieder und auch nur ein sehr kleiner Teil der Skalden überliefert worden ist, werden es eher ein Skalde auf 100 Menschen gewesen sein.

Es ist anzunehmen, daß jeweils nur die wichtigsten Lieder (oft nur eine einzige Strophe) eines Skalden erhalten geblieben sind, aber daß jeder Skalde im Laufe seines Lebens recht viel gedichtet haben wird, denn sonst wäre er überhaupt nicht erst zu einem bekannten Skalden geworden. Der eine Skalde pro 100 Menschen wird also recht oft ein neues Lied vorgetragen haben – und vermutlich wird er es auch nicht nur einmal und nur an einem Ort zum Besten gegeben haben.

Wenn man sich dies vor Augen hält, wird deutlich, daß die Skaldenkunst in der Zeit von 900-1200 n.Chr. bei den Nordgermanen die Rolle innegehabt haben wird, die heute Radio, Fernsehen, Facebook und Handy innehaben.

I 1. h) Die Beinamen der Skalden

Aus den Beinamen der Skalden und Skaldinnen ergeben sich einige weitere Informationen über sie.

Zunächst einmal ist interessant, daß immerhin 38 Männer und 2 Frauen den Beinamen „Skalde" bzw. „Skaldin" erhalten haben, was bedeutet, daß diese 40 Personen vor allem als Skalden bekannt gewesen sein müssen. Das bestätigt, daß die Skalden wichtige „öffentliche Personen" gewesen sein müssen.

Grani der Skalde	Thorir der Skalde
Leidolf der Skalde	Thorhildr die Skaldin

Bjarni der Skalde	Thorgeirr der Dänen-Skalde
Blakkr der Skalde	Thorkell Fluß-Skalde
Gudmundr der Skalde	Arnorr Jarl-Skalde Thord-Sohn
Hallr der Skalde	Thormodr der Skalde des Kolbruni
Jatgeirr der Skalde	Thorbjörn der Skalde des Schiefen
Kolli der Skalde	Thordr der Skalde des Sigvaldi
Ljotr der Skalde	Thorleifr Jarl-Skalde Raudfeld-Sohn
Felinn der Skalde	Gamli der hochgewachsene Skalde
Refr der Skalde	Thorbjörn der krumme Skalde
Sigvatr der Skalde	Eyolf der tatkräftige Skalde
Thorleifr der Skalde	Audunn der üble Skalde
Vilborg der Skalde	Hallfredr der schwierige Skalde Ottar-Sohn
Sugandi der Skalde	Oddr der sich zurückbiegende Skalde
Teitr der Skalde	Jorunn die schlanke Skaldin
Rögnvald der Skalde	Eyvindr Skalden-Verderber Finn-Sohn
Thjodolfr der Skalde	Thorbjörn Disen-Skalde
Helgi der Skalde Thord-Sohn	Thorkell Hammer-Skalde
Ormr der Skalde von Barrey	Thordr der borstige Skalde
Oddr der Skalde aus Kikin	Thordr Ameisen-Skalde

Die Skaldenkunst stand in hohem Ansehen, was sich u.a. auch daran zeigt, daß von 25 Königen, sechs Jarle (Grafen), einer Königsmutter und einer Trollkönigin bekannt ist, daß sie Lieder gedichtet und vorgetragen haben.

Adils der König	Ragnar Lodenhose
Alrekr der König	Angantyr Arngrim-Sohn
Eysteinn der König	Angantyr Heidrek-Sohn
Gauti der König	Eiriki Ragnar-Sohn
Hjörleifr der König	Olaf Tryggva-Sohn
Hreggvidr der König	Magnus Barfuß Olaf-Sohn
Humli der König	Harald Hart-Rat Sigurd-Sohn
Hundingi der König	Harald Haarschön Halfdan-Sohn
Hringr der König	Sveinn Gabelbart Harald-Sohn
Ögvaldr der König	Olaf der Heilige Harald-Sohn
Gusi der Finnenkönig	Ok der Allherrscher
Framarr der Wikingerkönig	Jarl Alfr der Kleine
Hallvardr der blasse Kampfkönig	Bjarmi der Jarl
Heidrekr	Magus der Jarl

Jarl Gizurr	Gunnhildr Königs-Mutter
Ulfr Sulu-Jarl	Yma Trollkönigin
Rögnvaldr-Jarl Kali Kol-Sohn	

Zu den Skalden zählen auch viele Krieger – das heutige Bild des „schöngeistigen Dichters" trifft für die Skalden nur in begrenztem Maße zu.

Halli der Berserker	Björn der Warmtal-Kämpfer Arngeir-Sohn
Leiknir der Berserker	
Toki der Wikinger	Ormr der Niederwerfende Jon-Sohn
Zweikampf-Skeggi	Brandr der Weitgereiste
Asmundr Helden-Verderber	Thorvaldr der Weitgereiste Kodran-Sohn
Ögmundr Eythjof-Töter	Egill Skallagrim-Sohn
Kampf-Glum Eyolf-Sohn	Björn Ragnar-Sohn
Kampf-Styrr Thorgrim-Sohn	Sigurdr Schlange-im-Auge
Botolfr der Widerspenstige	Zweikampf-Bersi Veleif-Sohn
Thordr der Unruhestifter	Ivarr Ragnar-Sohn
Tjörvi der Spötter	Bödvarr der Bär
Björn der starke Wikinger-Krieger Asbrand-Sohn	Olafr Bärenhitze Havard-Sohn

Zum Teil sind die Skalden nach ihrem Beruf benannt worden.

Diese Berufs-Beinamen sind eine der Wurzeln für die Entstehung der Nachnamen im Mittelalter gewesen. Da der Beruf vom Vater auf den Sohn vererbt wurde, konnte die Berufsbezeichnung an die Stelle des älteren „Sohn von ..." treten.

Thordr der Bauer	Thorkell der Schneider Thord-Sohn
Thorgils der Fischer	Ulfr der Rittmeister Ospak-Sohn
Thorhallr Fischfänger	Ölvir der Dieb

Ein großer Teil der Beinamen bezog sich einfach auf die Haarfarbe der Skalden: 9 schwarzhaarige Skalden, 2 rothaarige, 1 blonder, 1 grauhaariger, 1 weißhaariger Skalde und 2 Skalden mit mischfarbigem Haar.

Hrokr der Schwarze	Thorleifr der Dunkle Thorkel-Sohn
Thorbjörn der Schwarze	Ulfr der Rote
Ottarr der Schwarze	Karl der Rote
Gizurr der Schwarze	Thorleikr der Blonde
Olafr der schwarze Skalde Legg-Sohn	Bjarni Goldbrauen-Skalde Hallbjarn-Sohn
Guzurr der Schwarze Goldbrauen-Skalde	Asmundr Grau-Langhaar
Thorarinn der Schwarze aus Masalid	Olafr der weiße Skalde Thord-Sohn
Thorolf-Sohn	Hallvardr Weißsträhne
Guthormr der Dunkle	Thorgeirr der Gefleckte

Ein weiterer Teil der Beinamen bezieht sich auf den Körperwuchs oder auf die Haltung des Skalden oder der Skaldin: fünf von ihnen sind auffällig klein, zwei sind ungewöhnlich schlank, drei sind besonders lang, drei haben einen dicken Bauch, einer biegt sich immer zurück und einer ist besonders borstig.

Atli der Kleine	Gamli der hochgewachsene Skalde
Oddi der Kleine Glum-Sohn	Thorsteinn Zeltstange Asgrim-Sohn
Kolgrimr der Kleine	Grundi der Stattliche
Jarl Alfr der Kleine	Thorsteinn der Beleibte
Guthormr der Kurze Helgi-Sohn	Hallr Thorarin-Sohn Breitbauch
Jorunn die schlanke Skaldin	Einarr Bauch-Schüttler Eindridi-Sohn
Thorbjörn der Dünne	Oddr der sich zurückbiegende Skalde
Arni der Lange	Thordr der borstige Skalde

Es stellt sich die Frage, ob die fünf kleinen Männer deshalb Skalden geworden sind, weil sie aufgrund ihrer Kleinheit keine großen Chancen als Kämpfer gehabt hätten.

Zu ihnen würden dann noch elf weitere Männer gehören, da sich unter den Skalden noch ein schwacher Mann findet sowie vier Lahme, zwei Blinde, einer mit einem Holzbein und drei „krumme Skalden", die möglicherweise Krüppel sind.

Diese sechzehn Männer sind trotz ihrer körperlichen Behinderungen zu bekannten Skalden geworden.

Thorvaldr der Schwache	Guthormr der Bettlägrige
Hromundr der Lahme Eyvind-Sohn	Thorvardr Holzbein
Havardr der Lahme von den Eisfjord-Leuten	Thorbjörn der krumme Skalde
Halli der Steife	Björn Krummhand

Thorbjörn Hornklaue Höskuldr der Blinde	Stufr der Blinde

Der weißhaarige und der grauhaarige Skalde, die bereits angeführt worden sind, werden recht alt sein. Die beiden Skalden Bragi und Starkad tragen den Beinamen „der Alte" jedoch als Ehrentitel, weil sie vor langer Zeit die höfische Skaldenkunst begründet haben. Eyolf könnte hingegen einfach sehr alt geworden sein.

Bragi der Alte Bodda-Sohn (5) Starkadr der Alte Storvirk-Sohn (2)	Eyjolfr der Alte (1)

Der Charakter der Skalden scheint recht unterschiedlich gewesen zu sein. Es gab unter ihnen die bereits erwähnten Berserker und Krieger, aber einige von ihnen hatten auch noch andere auffällige Eigenschaften:

Hjalmarr der Großherzige Helgi der Helfer Olaf-Sohn Eyjolfr der tatkräftige Skalde Sturlaugr der Fleißige Ingolf-Sohn Eirikr der Vorsichtige Thorir der Stolze Thord-Sohn Kolli der Prächtige Sigurdr der Schmuck-Träger Erpr der sich-Verbeugende Thorbjörn der Verschwender	Halli der Schlagfertige Halldorr der Laute Thorfinn der SchreierRefr der Grunzende Thorolfr Mund Hallfredr der schwierige Skalde Ottar- Sohn Audunn der üble Skalde Gunnlaugr Schlangenzunge Illugi-Sohn Eyvindr Skalden-Verderber Finn-Sohn Thorkell Hammer-Skalde

Besonders interessant für das Verständnis der Ursprünge der Skalden sind die 10 germanischen Priester, die beiden Seher („Träumer") und die Seherin, die zugleich Skalden bzw. eine Skaldin gewesen sind.

Diese Verbindung findet sich auch in einigen Liedern wie „Die Vision der Seherin" oder bei einigen Schamanen-Priestern wie Skirnir und bei Zauberinnen wie Busla, die selber magisch wirksame Lieder gedichtet haben bzw. überlieferte Lieder für ihre Magie benutzt haben.

Auch die im Kult benutzten Lieder müssen einst von Skalden gedichtet und von „Priester-Skalden" auswendig gelernt worden sein.

Thoralfr der Priester	Ormr der Opfernde
Hakon der Priester Harald-Sohn	Asen-Thordr
Thorgrimr der Priester Thorstein-Sohn	Thorbjörn Disen-Skalde
Magnus der Priester Olaf-Sohn	Thorsteinn der Träumer
Snorri der Priester Thorgrim-Sohn	Einarr der Träumer Thorstein-Sohn
Sigurdr der laute Priester Magnus-Sohn	Heidr die Seherin
Vitgeirr der Opferpriester	

Bei der Christianisierung haben auch einige Christen christliche Lieder in dem alten germanischen Stil verfaßt. Sie haben dabei die religiöse Tradition der Germanen mit veränderten Inhalten weitergeführt.

Gamli der Domherr	Hallr der Mönch
Bjarni der Bischoff Kolbein-Sohn	Eilifr der Rosenkranz-Diener
Gyrdr der Bischof	Sigurdr Jerusalemfahrer Magnus-Sohn
Arngrim der Abt Brand-Sohn	Halldorr Nicht-Christ
Arni der Abt Jons-Sohn	

Es hat auch schon damals hin und wieder ein Dichter-Duo gegeben so wie es ja auch in der heutigen Musik einige erfolgreiche Komponisten-Duos gibt (Lennon/ McCartney, Jagger/Richard u.a.).

Vigbjodr und Vestmarr	Gyrdr der Bischof und Eysteinn Asgrim-
Rögnvaldr Jarl und Hallr Thorarin-Sohn	Sohn

Einige Skalden sind mythologische Gestalten. Bei einem weiteren Teil der Skalden ist unklar, ob sie nur Personen aus den Mythen und den Sagas sind. Doch das bedeutet letztlich nur, daß ein Skalde die Verse einst dieser Person aus den Mythen in den Mund gelegt hat.

Zusätzlich zu den hier genannten Skalden treten in den Liedern oft auch die Götter und mythologischen Helden als Redner auf, die in Versen sprechen.

Gestumblindi (Odin)	Hallmundr der Hügelgrab-Bewohner
Finngalkn (Ungeheuer)	Gizurr der Fels-Bewohner
Meermann (mythologische Gestalt)	Elch-Frodi

Thorir Hundebein Ketill Forelle Grimr Fellwange	Pfeile-Odd An Bogenbieger

I 1. i) Skaldatal

Das „Skaldatal" („Skalden-Liste") des Snorri Sturluson gibt eine gute Übersicht über die bekannteren Skalden – insgesamt führt er 148 Skalden und eine Skaldin an. Diese Liste hat Snorri chronologisch nach den Königen, an deren Hof diese Skalden tätig waren, sortiert. Dabei erscheinen manche Skalden an den Höfen von mehreren Königen.

19 dieser Könige herrschten über Dänemark und Schweden. Der Großteil der Könige, an deren Hof Skalden leben, sind jedoch die 78 norwegischen Könige und Jarle (Grafen).

Einige dieser Skalden sind nur aus dieser Liste bekannt und erscheinen nicht in der bereits besprochenen Übersicht.

Diese Liste zeigt vor allem, daß ein großer Teil der Skalden von den Königen angestellt worden ist – um Loblieder auf ihre Taten zu verfassen ...

1. Liste der Skalden der Könige der Dänen und der Schweden.

Starkad der Alte war ein Skalde. Seine Lieder sind die allerältesten unter denen, die die Menschen heute noch kennen. Er dichtete Lieder über die Dänenkönige.
König Ragnar Lodenhose und seine Frau Aslaug und deren Söhne waren Skalden.

König Ragnar Lodenhose:
*   - Bragi der Alte Bodda-Sohn*

Eysteinn der Dicke:
*   - Bragi der Alte Bodda-Sohn*
*   - Grundi der Stattliche*
*   - Erpr der sich-Verbeugende*
*   - Kalfr der Dritte*
*   - Refr der Grunzende*
*   - Ormr der Opfernde*

- *Ölvaldi*
- *Ok der Allherrscher*
- *Avaldi*
- *Felinn der Skalde*
- *Rögnvald der Skalde*

Björn von Haug:
- *Bragi der Alte*
- *Erpr der sich-Verbeugende beging einen Mord an einem heiligen Ort und wurde dafür zum Tode verurteilt. Er verfaßte eine Drapa auf den Hund 'Kot' des Königs und erhielt im Ausgleich dafür seinen Kopf* ('seinen Kopf erhalten' = Aufhebung des Todesurteils).

Eirikr Refil-Sohn:
- *Jarl Alfr der Kleine*

Styrbjörn der Starke:
- *Ulfr Sulu-Jarl*

Eirikr der Siegreiche:
- *Thorvald Hjalt-Sohn*

Olafr der Schwede:
- *Gunnlaug Schlangenzunge*
- *Hrafn Önund-Sohn*
- *Ottar der Schwarze*
- *Gizurr der Schwarze*

Önungr Olaf-Sohn:
- *Sighvatr der Skalde Thord-Sohn*
- *Ottar der Schwarze*

Ingi Steinkel-Sohn:
- *Markus Skeggja-Sohn der Gesetzes-Vortragende*

Sörkvir Kol-Sohn:
- *Einarr Skula-Sohn*
- *Halldorr der Schwätzer*

<u>*Knutr Eirik-Sohn:*</u>
- *Hallbjörn 'Schwanz'*
- *Thorsteinn Thorbjarn-Sohn*

<u>*Sörkvir Karl-Sohn:*</u>
- *Sumarlidi der Skalde*
- *Thorgeirr der Dänen-Skalde*

<u>*Eirikr Knut-Sohn:*</u>
- *Grani Hallbjarn-Sohn*

<u>*Jon Sörkvi-Sohn*</u>

<u>*Eirikr Eirikr-Sohn:*</u>
- *Olaf Thord-Sohn*

<u>*Jarl Jon Sörkvi-Sohn:*</u>
- *Einarr Skula-Sohn*
- *Halldor der Schwätzer*

<u>*Jarl Soni Ivar-Sohn:*</u>
- *Halldor der Schwätzer*

<u>*Jarl Karl Sona-Sohn:*</u>
- *Halldor der Schwätzer*

<u>*Jarl Birgir Magnus-Sohn:*</u>
- *Sturla Thord-Sohn*

2. Hier beginnt die Skalden-Liste der Könige von Norwegen

Thjodolfr von Hvini dichtete über Rögnvald, verfaßte das altehrwürdige Ynglinga-tal, dichtete über die Taten des Harald Haarschön, und verfaßte die vollständige Auf-zählung seiner ehrwürdigen Vorfahren. Er berichtet über alle ihre Tode und ihre Begräbnisstätten.

<u>*König Harald Schönhaar:*</u>
- *Audunn der üble Skalde*
- *Thorbjörn Hornklaue*

26

- *Olvir ohne-Ohr*
- *Thjodolfr von Hvini*
- *Ulfr Sebba-Sohn*
- *Guthorm der Dunkle*

Ein 'hnufa' ist ein Mensch, dem zur Strafe für einen Diebstahl Ohren und Nase abgeschnitten worden sind. Die Strafe des Schnittes im Ohr ('Schlitzohr') gab es noch lange Zeit in Europa für verschiedene Vergehen (Diebstahl, Schmuggel, Spionage u.ä.).

König Eirikr Blutaxt:
- *Egil Skallagrim-Sohn*
- *Glumr Geira-Sohn*

Halvdan der Schwarze:
- *Guthorm der Dunkle*

Hakon der Gute:
- *Eyvindr Skalden-Verderber*
- *Guthorm der Dunkle*

Harald Graumantel:
- *Glumr Geira-Sohn*
- *Kormakr Ögmund-Sohn*

Olaf Tryggva-Sohn:
- *Hallfredr Ärger-Skalde*
- *Bjarni der Skalde*

Olaf der Heilige:
- *Sigvatr Thord-Sohn*
- *Ottar der Schwarze*
- *Bersi Torfu-Sohn*
- *Tordr Kolbein-Sohn*
- *Thorfinn der Schreier*
- *Thormodr Kolbrun-Skalde*
- *Gizurr Goldbraue*
- *Refr von Hofgarda*
- *Skafti Thorodd-Sohn*
- *Thordr Sjarek-Sohn*

Magnus der Gute:
- *Sigvatr der Skalde*
- *Arnor Jarl-Skalde*
- *Oddr der Skalde aus Kikin*
- *Refr der Skalde*
- *Thjodolfr der Skalde*

Harald Sigurd-Sohn:
- *Thjodolfr Arnor-Sohn*
- *sein Bruder Bölverkr*
- *Valthjofr*
- *Oddr der Skalde aus Kikin*
- *Stufr der Blinde*
- *Arnorr Jarl-Skalde*
- *Illugi der Skalde aus dem Schleifstein-Tal*
- *Grani der Skalde*
- *Halli der Schlagfertige*
- *Thorarinn Skeggja-Sohn*
- *Valgardr von Velli*
- *Halli der Steife*
- *Steinn Herdis-Sohn*

Olafr der Friedfertige:
- *Arnorr Jarl-Skalde*
- *Steinn Herdis-Sohn*
- *Atli der Kleine*
- *Vilborg der Skalde*
- *Thorkell Hammer-Skalde*

Magnus Barfuß:
- *Thorkell Hammer-Skalde*
- *Ivarr Ingimund-Sohn*
- *Halldor der Schwätzer*
- *Björn Krummhand*
- *Bardr der Schwarze*
- *Gisl Illuga-Sohn*

Sigurd Jerusalem-Fahrer:
- *Einarr Skula-Sohn*
- *Ivarr Ingimund-Sohn*

- Halldor der Schwätzer
- Thorarinn Kurzmantel
- Thorvaldr Misch-Skalde
- Arni Schief-Kiesel

Eysteinn Magnus-Sohn:
    - Ivarr Ingimund-Sohn
    - Einarr Skula-Sohn

Haraldr Christus-Diener:
    - Einarr Skula-Sohn
    - Halldor der Schwätzer
    - Hallr der Mönch

Magnus der Blinde:
    - Einarr Skula-Sohn

Sigurdr Slembir:
    - Ivarr Ingimund-Sohn

Ingi Haralds-Sohn:
    - Einarr Skula-Sohn.
    - Thorvardr Thorgeir-Sohn
    - Kolli der Skalde
    - Halldorr der Schwätzer

Sigurdr Harald-Sohn:
    - Einarr Skula-Sohn
    - Bödvarr der Bär
    - Thorbjörn der Verschwender

Eysteinn Harald-Sohn:
    - Einarr Skula-Sohn
    - Sigurdr der Schmuck-Träger

Magnus Erling-Sohn:
    - Thorbjörn der Skalde des Schiefen
    - Sugandi der Skalde
    - Hallr Snorri-Sohn
    - Markus Stephan-Sohn

- Thordr Hall-Sohn
- Mani der Skalde

Thorbjörn: Skalde von Jarl Erlingr dem Schiefen – nach einem Schlag gegen den Kopf bei einem Kampf gegen die Araber in Sizilien stand ihm der Kopf schief.

Hakon der Breitschultrige:
    - Thorbjörn der Verschwender

König Sverrir:
    - Asgrimr Ketil-Sohn
    - Thorsteinn Thorbjarn-Sohn
    - Sumarlidi
    - Arnorr Saxa-Sohn
    - Hallbjörn Schwanz
    - Blakkr der Skalde
    - Unass Stephan-Sohn
    - Ljotr der Skalde
    - Bragi
    - Snorri Sturluson (der Verfasser der Edda)
    - Sighvatr Egil-Sohn
    - Snorri But-Sohn
    - Thorbjörn der Skalde des Schiefen

Hakon Sverri-Sohn:
    - Ljotr der Skalde
    - Bragi Hall-Sohn

Ingi Bardar-Sohn:
    - Snorri Sturluson
    - Ljotr Sumarlida-Sohn
    - Jatgeirr Torfa-Sohn
    - Höskuldr der Blinde
    - Runolfr

König Hakon Hakonar-Sohn:
    - Snorri Sturluson
    - Olafr Thord-Sohn
    - Sturla Thord-Sohn
    - Jatgeirr Torfa-Sohn

- Jarl Gizurr
- Arni der Lange
- Olafr Legg-Sohn
- Guthormr der Bettlägrige

Hakon, Sohn des Hakon, bei der Krönung zum König:
- Olafr Thord-Sohn

Magnus Hakon-Sohn:
- Sturla Thord-Sohn

Eirikr Magnus-Sohn:
- Thorsteinn Örvendil-Sohn
- Thorvaldr Helga-Sohn
- Jon Klein-Fisch Egil-Sohn
- Thorsteinn Ingjald-Sohn
- Gudmundr der Skalde
- Eyvindr Skalden-Verderber dichtete über Hakon den Mächtigen das, was man Haleygjatal nennt, und zählte seine Vorfahren bis hin zu Odin auf und beschreibt von jedem seinen Tod und seine Begräbnisstätte.

Hakon Jarl Grjotgard-Sohn:
- Thjodolfr von Hvini

Sigurdr Jarl von Lade:
- Kormakr Ögmund-Sohn

Jarl Hakon der Mächtige:
- Eyvindr Finn-Sohn
- Einarr Klingel-Waage
- Tindr Hallkel-Sohn
- Skafti Thorodd-Sohn
- Thorolfr Mund
- Eilifr Gudrun-Sohn
- Vigfuss Sohn des Kampf-Glum
- Thorleifr der Skalde
- Kalfr von Hvannar

Jarl Eirikr Hakon-Sohn:
- Hallfredr Ärger-Skalde

- *Gunnlaugr Schlangenzunge*
- *Hrafn Önundar-Sohn*
- *Thordr Kolbein-Sohn*
- *Halldorr Nicht-Christ*
- *Eyjolfr der tatkräftige Skalde*
- *Skuli Thorstein-Sohn*
- *Thordr Sjarek-Sohn*

Jarl Sveinn Hakon-Sohn:
  - *Bersi Torfu-Sohn*

Jarl Hakon Eirik-Sohn

Jarl Ormr Eilif-Sohn

Jarl Hakon Ivar-Sohn

Jarl Sigurdr Havard-Sohn

Erlingr der Schiefe:
  - *Thorbjörn der Skalde des Schiefen*
  - *Sugandi der Skalde*

Jarl Eirikr Sigurd-Sohn

Jarl Philippus Birgi-Sohn

Hakon der Verrückte:
  - *Snorri Sturluson*
  - *Ivarr Kalf-Sohn*
  - *Steinn Ofeig-Sohn*
  - *Ljotr der Skalde*
  - *Thorsteinn Eyjolf-Sohn*

Skuli der Heerführer:
  - *Snorri Sturluson*
  - *Olafr Thord Skuli-Sohn*
  - *Jatgeirr der Skalde*
  - *Ljotr der Skalde*
  - *Alfr Eyjolf-Sohn*

- Sturla Bard-Sohn
- Gudmundr Odd-Sohn
- Teitr der Skalde
- Rodgeirr Afla-Sohn
- Thoralfr der Priester

Knutr Hakon-Sohn:
- Olafr Thord-Sohn

Sveinn Gabelbart:
- Ottar der Schwarze

Knutr der Mächtige:
- Sighvatr der Skalde
- Ottarr der Schwarze
- Thorarinn der Luftige
- Hallvardr Weißsträhne
- Bersi Torfu-Sohn
- Steinn Skafta-Sohn
- Arnorr der Skalde des Jarls
- Odarkeftr

Sveinn Alfifu-Sohn:
- Thorarinn der Luftige

Sveinn Ulf-Sohn:
- Thorleikr der Blonde
- Thordr Kolbein-Sohn

Knutr der Heilige:
- Kalfr Mana-Sohn
- Skuli Illuga-Sohn
- Markus Skeggja-Sohn

Eirikr Svein-Sohn:
- Markus Skeggja-Sohn

König Eirikr der Erinnerungswürdige:
- Halldorr der Schwätzer

Sveinn der Wankelmütige:
   - *Einarr Skula-Sohn*

Valdimarr Knut-Sohn:
   - *Thorsteinn der Beleibte*
   - *Arnhallr Thorvald-Sohn*

Knutr Valdimar-Sohn:
   - *Thorgeirr Thorvald-Sohn*

Valdimarr der Alte:
   - *Olafr Thord-Sohn*
   - *Jatgeirr Torfa-Sohn*
   - *Thorgeirr der Dänen-Skalde*
   - *Suguvaldi*

Jarl Kapuzen-Haraldr:
   - *Thjodolfr von Hvini*

Jarl Sigvaldi:
   - *Thordr der Skalde des Sigvaldi*

Haraldr Thorkel-Sohn:
   - *Thjodolfr Arnor-Sohn*

Adalsteinn England-König:
   - *Egill Skallagrim-Sohn*

König Adalradr:
   - *Gunnlaugr Schlangenzunge*
   - *Ulfr der Mutige war ein berühmter Hersir (Graf) in Norwegen im Nauma-Tal, der Vater von Hallbjarnar Halb-Troll, der der Vater von Ketill Hering war. Ulfr verfaßte über Nacht eine Drapa, die seine Taten aufzählte. Er war vor Tagesanbruch tot.*

Thorleifr der Weise:
   - *Thjodolfr von Hvini*

Hersir Arinbjörn:
   - *Egill Skallagrim-Sohn*

Thorsteinn Thoru-Sohn:
- Egill Skallagrim-Sohn

Erlingr Skjalg-Sohn:
- Sighvatr der Skalde

Gudbrandr von Tal:
- Ottarr der Schwarze

Ivarr der Weiße:
- Sighvatr der Skalde

Harekr von Thjotta:
- Refr Gest-Sohn

Einarr Pfeil:
- Refr der Skalde

Kalfr Arni-Sohn:
- Bjarni Goldbrauen-Skalde

Ulfr der Marschall:
- Steinn Herdis-Sohn

Eysteinn der Birkhahn:
- Hammer-Skalde

Vidkunnr Jon-Sohn:
- Asen-Thordr

Gregorius Dag-Sohn:
- Einarr Skula-Sohn

Nikolas Skjaldvarar-Sohn:
- Sugandi der Skalde

Eindridi das Küken:
- Einarr Skula-Sohn

Ivarr Selki:
- *Arnorr Kalf-Sohn*

Sigurdr der Mönch:
- *Arnorr Kalf-Sohn.*

Arinbjörn Jon-Sohn:
- *Olafr Herdis-Sohn*

Gautr von Meli:
- *Steinvör Sighvats-Tochter*
- *Olafr Herdis-Sohn*
- *Dagfinnr Gudlaug-Sohn*

Es sind 598 Lieder von 485 namentlich bekannten Skalden und Skaldinnen sowie über 250 Lieder von anonymen Skalden überliefert worden. Die Lieder der namentlich bekannten Skalden und Skaldinnen haben insgesamt über 6.500 Strophen mit ca. 53.000 Versen.

Von 87 namentlich bekannten Skalden und Skaldinnen sind mehr als 10 Strophen überliefert worden. Von mehr als drei Vierteln der Skalden und Skaldinnen ist nur ein einziges Lied erhalten geblieben.

Es sind 562 Lieder von 449 namentlich bekannten Skalden und 36 Lieder von 36 namentlich bekannten Skaldinnen überliefert worden. Das Verhältnis von Skalden zu Skaldinnen ist also ca. 12:1. Von den Skaldinnen sind keine längeren Werke bekannt. Der Anteil der Skaldinnen liegt zwar nur bei 8%, aber es muß damals bei den Nordgermanen ganz normal gewesen sein, daß Frauen Lieder verfaßt haben.

Der allergrößte Teil der überlieferten Lieder stammt aus Island und Norwegen sowie zu einem kleineren Teil auch aus Schweden. Sie wurden in der Zeit von 900-1200 n.Chr. verfaßt. Aus Dänemark ist vor allem das lange Beowulf-Epos bekannt, das jedoch bereits um 700 n.Chr. niedergeschrieben worden ist.

Es wird in Island und Norwegen ungefähr 1 Skalde auf 100 Menschen gegeben haben – d.h. einen Mann oder eine Frau, die des öfteren ein Lied verfaßt hat.

Die Skaldenkunst wird in der Zeit von 900-1200 n.Chr. die Rolle innegehabt haben, die heute Radio, Fernsehen, Facebook und Handy innehaben.

38 Männer und 2 Frauen haben den Beinamen „Skalde" bzw. „Skaldin" erhalten haben, was bedeutet, daß diese 40 Personen vor allem als Skalden bekannt gewesen sein müssen. Die Skalden sind offenbar wichtige „öffentliche Personen" gewesen.

Die Skaldenkunst stand in hohem Ansehen, was sich u.a. auch daran zeigt, daß von 25 Königen, sechs Grafen (Jarl), einer Königsmutter und einer Trollkönigin bekannt ist, daß sie Lieder gedichtet und vorgetragen haben.

An den Höfen von 78 norwegischen Königen und Jarlen sowie an den Höfen von 19 schwedisch-dänischen Königen haben insgesamt 148 Skalden und eine Skaldin gelebt und für die Fürsten Lieder verfaßt.

Zu den Skalden zählen auch viele Krieger – das heutige Bild des „schöngeistigen Dichters" trifft für die Skalden nur in begrenztem Maße zu.

Die sechzehn durch ihre Beinamen als klein, schwach, lahm oder blind bezeichneten Skalden sind trotz ihrer körperlichen Behinderungen zu bekannten Skalden geworden. Möglicherweise haben sie sich auf diese Weise den Ruhm verschafft, den sie als Krieger nicht hätten erreichen können.

Die 10 germanischen Priester, die beiden Seher und die Seherin, die zugleich Skalden bzw. eine Skaldin gewesen sind, weisen darauf hin, daß auch die Priesterschaft eine Skalden-Ausbildung gehabt haben muß und die Kult-Lieder und die Lieder mit mythologischen Inhalt erlernt haben muß.

Die Germanen haben nach der Christianisierung die alte Tradition als „christliche Skaldenkunst" nur geringfügig verändert weitergeführt.

Es hat auch schon damals hin und wieder ein Dichter-Duo gegeben.

I 2. Ansichten der Germanen über die Skalden

I 2. a) Edda-Prolog: Über das Ynglingatal und das Haleygjatal

In dieser Einleitung beschreibt Snorri Sturluson seine Ansichten über die Skalden und ihre Lieder.

In diesem Buch habe ich alte Geschichten niedergeschrieben, wie ich sie von klugen Leuten habe erzählen hören – Geschichten über die Anführer, die in den Nordländern geherrscht haben und die die dänische Sprache gesprochen haben, und entsprechend dem, was mir erzählt wurde, auch über einige ihrer Familienzweige.

Einiges davon ist in alten Familien-Stammbäumen zu finden, in denen die Vorfahren der Könige und andere Personen von hoher Geburt aufgezählt werden, ein anderer Teil ist entsprechend den alten Liedern und Balladen aufgeschrieben worden, die unsere Vorväter zur ihrer Unterhaltung besaßen.

Nun, auch wenn wir nicht wissen können, wieviel Wahrheit in diesen liegt, so haben wir doch die Gewißheit, daß alte und weise Männer sie für wahr gehalten haben.

Snorri Sturluson ist so sehr um einen wissenschaftlichen Standpunkt bemüht, daß er seine Heimskringla sogar mit einer Quellenkritik beginnt.

Thjodolfr von Hvin war der Skalde des Harald Haarschön und er verfaßte ein Gedicht für König Rögnvald Berg-Hoch, das „Ynglingatal" genannt wird. Dieser Rögnvald war ein Sohn des Olaf Speerstadt-Alf, dem Bruder des Königs Halfdan des Schwarzen. In diesem Gedicht werden dreißig seiner Vorväter aufgezählt und von jedem wird der Tod und der Bestattungsort berichtet. Er beginnt mit Fjölnir, dem Sohn des Yngvi-Freyr, den die Schweden noch lange nach seiner Zeit verehrten und dem sie Opfer darbrachten, und von dem die Sippe oder Familie der Ynglinger abstammt.

Eyvind Skalden-Verderber hat in einem Gedicht, das er für Jarl Hakon gedichtet hat und das „Haleygjatal" genannt wird, ebenfalls die Vorfahren von Jarls Hakon dem Großen aufgezählt. Und in ihm erwähnt er Säming, den Sohn des Yngvi-Freyr, und auch er berichtet über den Tod und über die Bestattung von einem jeden von ihnen.

Die Leben und die Geschicke der Ynglinger-Sippe wurde nach Thjodolfs Bericht verfaßt und durch die Erzählungen von klugen Leuten ergänzt.

Was die Bestattungsriten betrifft, wird das früheste Zeitalter das Brandalter genannt, denn alle Toten wurden im Feuer verbrannt und über ihrer Asche wurden stehende Steine errichtet.

Doch nachdem Freyr in einem Hügelgrab in Uppsala bestattet worden war, ließen sich viele Anführer Hügelgräber errichten, die genauso üblich wie stehende Steine als Erinnerung für ihre Verwandten wurden.

Es trifft zwar zu, daß die Brandbestattungen in den letzten Jahrhunderten vor Snorris Zeit seltener geworden waren, aber die Hügelgräber reichen bis zu den frühen Indogermanen zurück („Kurgan-Kultur").

Das Zeitalter der Hügelgräber begann in Dänemark erst so richtig, nachdem Dan der Große für sich ein Hügelgrab hatte errichten lassen und befohlen hatte, daß er nach seinem Tod in ihm mit allen seinen königlichen Insignien und seiner Rüstung, seinem Roß und dessen Sattel und Zaumzeug sowie anderen kostbaren Gütern bestattet werden solle. Viele seiner Nachkommen folgten seinem Beispiel. Aber es gab trotzdem noch lange danach auch immer noch das Verbrennen der Toten als Brauch bei den Schweden und bei den Nordmännern.

Island wurde in der Zeit besiedelt, in der Harald Haarschön König von Norwegen war. An Haralds Hof gab es Skalden, deren Gedichte die Leute noch heutigentags auswendig wissen – zusammen mit all den Liedern über die Könige, die seit jener Zeit in Norwegen geherrscht haben.

Und wir bauen das Fundament unserer Geschichte vor allem auf den Liedern auf, die in der Gegenwart der Anführer oder ihrer Söhne gesungen wurden, und wir nehmen alles für wahr, was in derartigen Liedern über ihre Taten und Schlachten berichtet wird, denn obwohl es bei den Skalden üblich war, vor allem die zu preisen, in deren Gegenwart sie standen, hätte es doch keiner von ihnen gewagt, etwas zu erzählen, von dem alle, die es hörten, wußten, daß es unwahr und nur erfunden und keine wahre Erzählung über seine Taten war – denn das wäre Spott und nicht Lob gewesen.

... ...

Mir jedoch scheinen die Lieder am verläßlichsten, wenn sie richtig gesungen und zutreffend verstanden werden.

Die Skalden kannten die Stammbäume und die Taten der Könige und Fürsten auswendig und waren daher sozusagen die „Geschichtsbücher" der damaligen Zeit.

In ihren Liedern wird auch über verschiedene Bräuche, insbesondere über Bestattungen berichtet.

I 3. Bezeichnungen der Skalden und ihrer Tätigkeit

I 3. a) Wortschatz

Die Fachbegriffe zur Dichtkunst selber wie Versmaße und Strophenformen finden sich in Band 77, der die vollständige Übersetzung „Snorri-Edda" enthält; siehe dort das Kapitel „VI Ergänzungen zum Hattatal".

Im folgenden ist nur der Wortschatz aufgeführt, der die Skalden und Skaldinnen selber beschreibt.

Es gab Skalden und Skaldinnen:

skald	- Dichter
skald-madr	- Dichter
skald-kona	- Dichterin
skald-mär	- Dichterin

Das Dichten selber konnte durch verschiedene Begriffe bezeichnet werden:

skaldskapr	- Dichtung, in Verse fassen, dichten
skäldinn	- dichtkundig
skald-ligr	- dichterisch
ljod	- Verse, Lied
ljoda	- Verse dichten, singen
ljodan	- Dichten, Singen

Es gab auch schlechte Dichter – oder Dichter, die man als solche verspottete:

skald-fifl	- Dichterling

Das Dichten erforderte viel Geschick und Genauigkeit und das Befolgen von vielen komplexen Regeln, weshalb das Dichten dem Rechnen verglichen worden ist:

verki	- „werken" = dichten
metr	- „das genau Berechnete; das Wertvolle" = Versmaß, Metrum

rim	- Reim, gereimtes Lied, Rechnung, Kalender
skällaust	- fehlerfrei
efasemd	- Doppelsinn, Doppeldeutigkeit
skaldskapar-hattr	- Versmaß
skäkdinn	- geschickt/geübt im Dichten
skaldskapar-mal	- Dichtkunst-Lehre
bragr	- „Bragis Kunst" = Dichtkunst (Bragi: Skalden-Gott; der Erfinder der komplexen Dichtkunst der Germanen)
kväda-frodr	- viele Lieder/Gedichte auswendig kennen
yrkis-efni	- Thema eines Gedichtes

Am häufigsten wurden Loblieder für die Fürsten gedichtet:

drapa	- Loblied in der anspruchsvollen höfischen Form
lof-drapa	- Loblied

Das Loblied auf einen Toten hatte eine besondere Bezeichnung:

erfi-drapa	- Loblied auf einen Toten
erfi-kvädi	- Loblied auf einen Toten
erfi-flokkr	- kurzes Loblied auf einen Toten

Aber es gab auch das Gegenstück dazu – das Spottlied:

flimska	- Spott, Spott-Verse
flimtan	- Spottverse
flimta	- verspotten, verhöhnen (mit Spottversen)

Von den Skalden wurden auch humorvolle Lieder verfaßt:

gaman-visur	- humorvolle Verse

Wenn die Dichtung und der Vortrag der Dichtung gut gelungen waren, erhielt der Skalde einen Belohnung:

kvädis-laun	- Belohnung für ein Lied
bragar-laun	- Geschenk für ein Gedicht

Die Skalden mußten auch die Geschichte ihres Volkes und die Mythen kennen:

forn-saga	- alte, evtl. mythologische Geschichte
forn-spjöll	- Kenntnisse über frühere Zeiten
forn-yrdi	- alte, evtl. mythologische Geschichte

Eine sehr spezielle Liedform konnte einem zum Tode verurteilten Skalden dazu verhelfen, begnadigt zu werden:

höfud-lausn	- Haupteslösung (Gedicht, mit ein Skalde sich von der Todesstrafe durch Enthauptung befreien kann)

Ein wichtiger Aspekt der Dichtung war das Eigenlob:

sjalf-hol	- Eigenlob (Liedform)
sjalf-hölinn	- Eigenlob (Liedform)
sjalf-hölni	- Eigenlob (Liedform)

Das Dichten der Vielfalt von Liedern, die von den Germanen bekannt ist, hat sich anscheinend aus dem Verfassen von Anrufungs-Hymnen an die Götter entwickelt:

kvedandi	- „Rufen, Anrufen, Willkommen, Gruß" = Vortrag, Rezitation, Chanten, Singen, Rhythmus
kved-skapr	- „Anrufungs-Erschaffung" = Dichten

Die Skalden mußten auch Instrumente spielen können – in den Sagas werden vor allem Harfe und Flöte genannt:

skald-pipa	- „Skalden-Flöte", eine Flöten-Art

I 3. b) Liste der Skalden-Kenningar des Bragi

Der Skalde Bragi der Alte listet auf geschickte Weise in zwei Strophen Kenningar für „Riesin" und für „Skalde" auf, indem er als Hintergrund die (erfundene) Begegnung mit einer Riesin nimmt.

Bragi der Alte sprach folgende Worte, als er spät am Abend durch einen bestimmten Wald ging und ihn eine Troll-Frau in Versen ansprach und frug, wohin er gehe:

Riesin:
„Die Riesen nennen mich
Mond der Wohnstatt des Hrungnir,
Schatz-Verschlinger der Riesen,
Verhängnis der Sturm-Sonne,
freundliche Gefährtin der Seherin,
Wächterin des Ringes des Erd-Kreises
Verschlingerin des Himmels-Rades;
was sonst ist eine Riesin?"

„*Mond der Wohnstatt des Hrungnir*": Hrungnir = Tyr-Riese; seine Wohnstatt = Hel, Utgard; Utgard-Mond = Licht (Sonne) in der Nacht und im Jenseits = Freude des Hrungnir (seine Frau)

„*Schatz-Verschlinger der Riesen*": Schatz = Gold = Sonne; Die Riesin ist von der Wiedergeburts-Mutter der Sonne zu ihrer Mörderin umgedeutet worden.

„*Verhängnis der Sturm-Sonne*": Sturm = Kampf; Sturm-Sonne = Schild = Sonne = „Schatz-Verschlingerin der Riesen" (siehe vorige Kenning)

„*freundliche Gefährtin der Seherin*": die Seherinnen erhalten ihr Wissen von den Göttinnen/Riesinnen aus dem Jenseits

„*Wächterin des Ringes des Erd-Kreises*": Erd-Kreis = Meer rings um Midgard; Ring in ihm = Jörmungandr; Wächterin des Jörmungandr = evtl. seine Schwester Hel

„*Verschlingerin des Himmels-Rades*": Himmels-Rad = Sonne = „Schatz-Verschlingerin der Riesen" (siehe die zweite Kenning)

Bragi antworte so:
„Skalden nennen mich
Vidurs Gedanken-Schmied,
Gautars Geschenk-Finder,
nichts-ermangelnder Dichter,
Träger von Yggs Bier,
Lied-dichtender Modi,

geschickte Reime-Schmied;
was sonst ist ein Skalde?"

„*Vidurs Gedanken-Schmied"*: Vidur = Odin, seine Gedanken =Verse
„*Gautars Geschenk-Finder"*: Gautar =Odin; seine Geschenke = Verse
„*nichts-ermangelnden Dichter"*: durch Odin inspirierter Dichter
„*Träger von Yggs Bier"*: Ygg = Odin; sein Bier = Skaldenmet
„*Lied-dichtender Modi"*: Modi = Thor-Sohn = Mann

I 3. c) Skalden-Kenningar

In den Mythen und in den Kenningarn wird die Dichtkunst vor allem als Inspiration durch Odin angesehen, die durch Odins Göttermet übertragen wird (siehe „Göttermet" in Band 69).

Skalde	*der des Gottes Vers-Met einschenkt*		Kormakr	Skaldskaparmal
Skalde	*Odins Diener*		Steinar	Kormak-Saga
dichten	*das Wein-Keltern der Gefahr des Wolfes ausüben*	Gefahr des Wolfes = Odin; sein Getränk = Skalden-Met; den Skalden-Met keltern = dichten	Ref	Skaldskaparmal
dichten	*Yggs Beute anregen*	Ygg = Odin; seine Beute = Skalden-Met	Snorri Sturluson	Hattatal
dichten	*Hars Hallen-Trinkgefäß rühren*	Har = Odin; sein Getränk = Skalden-Met = Dichtung	Snorri Sturluson	Hattatal
Dichter	*Verse-Schmied*		anonym	Egil-Saga
Dichter	*Mundschenk des Kelches des Odin*		anonym	Egil-Saga
Dichtung	*Odins Met*		Grettir	Grettir-Saga
Dichtung	*Bragis Stadt*	Bragi = Gott der Dichtkunst; seine Stadt = Wissen der Dichter = auswendig gelernte Dichtung	anonym	Egil-Saga
Dichtung	*Verse, die von dem langhaarigen Odin herströmen*		anonym	Egil-Saga

Dichtung	*Lied-Schauer aus dem Schnabel des Adlers*	Odin in Adler-Gestalt	anonym	Egil-Saga
Dichtung	*Lied-Met des Kriegs-Gottes*		anonym	Egil-Saga

Die Skalden und Skaldinnen verfaßten Lieder, die vorgetragen und evtl. auch gesungen wurden – zumindestens wurden sie „Lied" genannt.

Die Skaldenkunst erforderte das Befolgen einer Vielfalt von Regeln, deren Befolgen wie das heute übliche Vermaß und der Endreim das Lied zum „Schwingen" brachten – allerdings auf deutlich vielfältigere Weise als in der heutigen Dichtkunst.

Daher gab es damals große Unterschiede sowohl im Stil der Lieder als auch in ihrer Qualität.

Die Skalden erhielten ihre Inspiration von Odin und in weit geringerem Maße auch von dessen Sohn, dem Dichtergott Bragi.

Am häufigsten wurden Loblieder über die Taten der Fürsten gedichtet. Durch das Vortragen eines solchen, neu verfaßten Lobliedes konnte ein Skalde einen Fürsten dazu zwingen, sein Todesurteil gegen den Skalden aufzuheben.

Bei der Bestattung eines Fürsten wurde dessen Gesamtleistung in einem Lied gewürdigt. Die Gesamtheit dieser Lieder bildete das damalige mündlich weitergegebene Geschichtsbuch.

Eine sehr spezielle Liedform konnte einem zum Tode verurteilten Skalden dazu verhelfen, begnadigt zu werden.

Das Gegenstück zum Loblied war das gefürchtete Spottlied.

Es gab auch humorvolle Lieder – allerdings nicht allzuviele …

Wenn die Dichtung und der Vortrag der Dichtung gut gelungen waren, erhielt der Skalde eine Belohnung. Ein wichtiger Aspekt der Dichtung war das Eigenlob.

Das Dichten der Vielfalt von Liedern, die von den Germanen bekannt ist, hat sich z.T. aus dem Verfassen von Anrufungs-Hymnen an die Götter entwickelt.

Die Skalden mußten auch Instrumente spielen können – in den Sagas werden vor allem Harfe und Flöte genannt.

I 4.   Skalden im Kult

Es gibt mehrere direkte Hinweise darauf, daß die Skalden einst auch kultische Aufgaben innehatten. Beim Vortragen von kultischen Texten oder beim Singen von Hymnen an die Gottheiten ist letztlich jeder Priester und jede Priesterin auch ein Skalde bzw. eine Skaldin gewesen.

I 4. a)   Runenstein von Snoldelev

Die Inschrift auf diesem um ca. 850 n.Chr. errichtete Runenstein enthält die folgende Inschrift:

Stein des Gunvald, Sohn des Kult-Redners Roald, auf den Sal-Hügeln

Dieser Kult-Redner („thulr") ist ein Weiser, der die Kult-Texte vorträgt, d.h. ein Priester-Skalde. Ursprünglich werden Priester und Skalde dieselbe Tätigkeit gewesen sein – genauso wie es ursprünglich bei den Kelten, den nächsten Verwandten der Germanen, keine Unterscheidung zwischen Druide und Barde gegeben hat.
Der Skalde und der Barde sind in früherer Zeit nicht zwei Personen, sondern zwei Tätigkeiten derselben Person gewesen.

I 4. b)   Havamal - Odins Runenlied

Die einstige Priester-Funktion der Skalden wird auch in der folgenden Strophe deutlich:

Ein vierzehntes kann ich, soll ich dem Volke
Der Götter Namen nennen,
Asen und Alfen kenn ich allzumal;
Wenige sind so weise.

I 4. c) Havamal – Lodfafnirs Lied

Odin lobt auch sein eigenes Redner-Geschick und sein Wissen, das sich vor allem in seiner Rätsel-Kunst zeigt. Auch die folgenden Verse spielen auf die vielen Rätsel-Kämpfe zwischen Odin und Tyr an.

Das Wissen der Skalden wurde einst in Frage-Antwort-Dichtungen festgehalten, aus denen sich dann später die Rätsel entwickelt haben.

Ich suchte den alten Riesen (Tyr-Suttung) *auf,*
nun bin ich zurückgekehrt;
nur wenig hätte ich dort mit Schweigen erreicht –
mit vielen Worten
sprach ich zu meinem Vorteil
in Suttungs Halle.

I 4. d) Gylfis Vision

Bragi ist entweder ein Aspekt des Odin als Skalde oder eine Vergöttlichung des Skalden Bragi der Alte, der die höfische Dichtung erfunden hat. In beiden Fällen wird durch den folgenden Text deutlich, daß die Dichtkunst als etwas angesehen wurde, das unter göttlichem Schutz gestanden hat.

Ein anderer Ase heißt Bragi. Er ist berühmt durch Beredsamkeit und Wortfertigkeit und sehr geschickt in der Skaldenkunst, die nach ihm Bragur genannt wird, so wie auch diejenigen nach seinem Namen Bragurleute heißen, die redefertiger sind als andere Männer und Frauen.

I 4. e) Leidarvisan

In diesem um 1155 n.Chr. von einem unbekannten Dichter verfaßten Lied in germanischem Stil, aber mit christlichem Inhalt, ist Gott Vater an die Stelle des Odin bzw. des Bragi als dem Geber der Inspiration getreten:

Ich gestalte das Lied in meinem Inneren,
mein Mund und meine Lippen haben es eilig,

schon bald Dein Loblied zu singen,
Herr der Halle der Berge.
Möge der König des Richtersitzes und der Sonne
mir kostbare,
wahrhaftige Wort-Fülle gewähren,
damit ich den Herrn preisen kann.

Das Lied wurde innerlich und nicht schriftlich gedichtet.
Halle der Berge = Himmel; *Herr des Himmels* = Gott
König des Richtersitzes = Gott
König der Sonne = Gott

I 4. f) Tacitus

Tacitus beschreibt eine Art Schild-Gesang, den die Germanen vor der Schlacht anstimmen:

Sie haben auch die Überlieferung, daß Herkules in ihrem Land gewesen sei und sie preisen ihn mehr als alle anderen Helden in ihren Liedern, wenn sie in die Schlacht ziehen.
Bei ihnen findet man jene Art von Liedern, durch deren Gesang, den sie 'Bardit' nennen, sie in sich den Kampfgeist erwecken und durch den sie sogar den Verlauf der bevorstehenden Schlacht erahnen können – entsprechend dem verschiedenen Klang dieses Lärmens des Heeres drängen sie kühn oder weichen ängstlich zurück.
Das, was sie dabei äußern, ist auch nicht so sehr Gesang als vielmehr die Stimme und der Ausdruck des Kampfmutes. Sie streben vor allem einen starken und klingenden Ton an, der aus einem unterbrochenen und ungleichmäßigen Brummen heraus entsteht, bei dem sie sich ihre Schilde vor den Mund halten, damit die Stimme durch den Widerhall an ihnen noch kräftiger anschwillt.

Herkules = Thor

Der Name „Bardit" dieses Kampfgesanges ist mit dem keltischen Wort „bardo" („Barde") für „Sänger" verwandt (germanisch: „Skalde"). „Bardo" bedeutet „Bärtiger", was mit dem germanischen Dichtergott „Bragi" übereinstimmt, dessen langer Bart sprichwörtlich war. Dieser Kriegs-Gesang wurde seinem Namen nach anscheinend von den Dichter-Priestern der Germanen angeleitet.
Die Schilderung dieses Gesanges zeigt, daß es sich bei ihm vor nicht um Lieder,

sondern um das Intonieren entweder lediglich von beliebigen Vokalen oder eines einzelnen Wortes oder kurzen Verses gehandelt hat.

Ähnliche Intonationen sind u.a. aus dem gregorianischen Gesang der katholischen Kirche oder aus dem tibetischen Buddhismus bekannt. Diese Art des Gesanges dient aus technischer Sicht dazu, eine stehende Welle aufzubauen, und aus magischer Sicht dazu, (Lebens-)Kraft zu konzentrieren und zu lenken. Daher ist aus dem Gelingen oder Mißlingen dieses Aufbaues der Lebenskraft auch ersichtlich, wie der Kampf ausgehen wird.

I 4. g) Isländer-Buch

Dichter und Politiker wußten schon immer um die große Wirkung der Worte:

In Breitfjord lebte ein Mann, der Erik der Rote genannt wurde und der von dort aus fortsegelte und Land in Besitz nahm (Grönland)*, das später Eiriksfjord genannt wurde. Er gab dem Land einen Namen und nannte es Grönland („Grünland") und sagte, daß die Leute eher dorthin ziehen wollen würden, wenn das Land einen guten Namen hat.*

Der Priester-Skalde („thulr") trägt die kultischen Texte, Anrufungen, Listen von Götternamen u.ä. im Tempel und in Ritualen vor. Diese Thulr verfügten über ein großes, auswendig gelerntes Wissen, das religiöse, magische, historische, rechtliche und vermutlich auch noch andere Themen umfaßt hat.

Ein Teil dieses Wissens ist in Liedern aufbewahrt worden, die systematisch als Fragen und Antworten strukturiert worden sind.

Der Gott der Dichtkunst ist Bragi, aber die Inspiration kommt von Odin. Diese Vorstellung wurde von den Christen auf Gott Vater übertragen.

Tacitus berichtet um 1000 n.Chr. über einen Kampfgesang, bei dem die Germanen in ihren Schild „tönen". Diesen Gesang muß man sich vermutlich ähnlich wie die Gregorianik oder den tibetischen Tempel-Gesang oder wie ein einfaches „Chanten" vorstellen.

Möglicherweise wurden die Lieder der Skalden einst mit einer solchen „Gesangs-Stimme" vorgetragen.

I 5.   Schilderungen der Skalden-Tätigkeit

Es gibt nur sehr wenige Berichte über das Vortragen der Lieder durch die Skalden. Wie sich aus der ersten Strophe vielen Liedern ergibt, bat der Skalde zunächst die Männer und Frauen in der Halle, in der er sein Werk vortragen wollte, um Ruhe.

I 5. a)   Thjodolfr Arnor-Sohn

Dieser Skalde erhielt von seinem König bei einem Gang durch die Stadt, bei der sie den Streit zwischen einem Gerber und einem Schmied beobachteten, den Auftrag, bis zum Abend ein Gedicht über den Streit zwischen dem Schmied und dem Gerber als Gleichnis zu dem Kampf zwischen Thor und Geirröd zu verfassen.

Die Skalden mußten bisweilen also auch schnell und kreativ sein können ...

I 5. b)   Saga über König Sverris von Norwegen

Die Gabe der Skalden, spontan und schnell ein Lied zu einem bestimmten Thema zu verfassen, wird auch in dieser Episode geschildert:

Der König war an der Grenze des Landes im Osten als Mani zu ihm kam. Er war gerade von Rom zurückgekehrt und sah aus wie ein Bettler. Der König war mit seinem Gefolge in seiner Halle, als Mani eintrat. Er sah zu dieser Zeit nicht gut aus, da er ein kahlgeschorenes Haupt hatte und fast nackt war, doch er wußte, wie man einen König auf höfliche Weise grüßt.

Der König frug, wer er sei.

„Mein Name ist Mani,“ antwortete er, „und ich bin ein Isländer, der gerade aus Rom im Süden zurückgekehrt ist.“

Und der König sagte: „Du wirst sicherlich mit den Geschichten aus alter Zeit vertraut sein, Tungli. Setzte Dich nieder und trage eine vor.“

„Tungl" bedeutet „Gestirn, Sonne, Mond", wörtlich „Glänzender". Dies könnte eine Anspielung auf Manis Glatze sein.

Es ist überraschend, daß der Skalde das Lied im Sitzen und nicht im Stehen vortragen soll.

Da trug Mani die Utfara-drapa vor, die Halldor der Schwätzer zu Ehren von König Sigurd Jerusalem-Fahrer, dem Großvater mütterlicherseits des Königs Magnus, verfaßt hat. Das Gedicht wurde mit großem Beifall bedacht und schien allen großes Vergnügen zu bereiten.

Nun waren auch zwei Gaukler in dem Raum. Sie hatten kleine Hunde, die darauf trainiert worden waren, in der Gegenwart von großen Männern über einen Stab zu springen – und je edler der Zuschauer war, desto höher ließen sie die Hunde springen.

„Siehst Du, Tungli", sprach der König, „wie gering diese Gaukler Dich einschätzen? Verfasse ein Gedicht über sie, Du wirst dadurch sicherlich etwas gewinnen."

Da trug Mani das Folgende vor:

„ Mit Fiedel und Flöte zieht der geschickte Kerl umher,
der Gaukler läßt mit seinen komischen Gesten
den roten Hund über das Gatter springen,
um die Männer zu erfreuen. Fürwahr eine lustige Vorführung!
Ich bitte darum, daß dieser Abscheuliche nicht zuhört. "

Und er sprach weiterhin:

„ Die Fiedel erklingt, sie stampfen, sie ergreifen die Flöte,
die Kalk-gesichtigen Kerle führen ihr närrisches Spiel auf;
es ist wundervoll, die rollenden Augen desjenigen zu beobachten,
der die Trompete bläst und zu sehen,
wie die faltigen Wangen und Backen des Lumpen aufgeblasen werden. "

Daraufhin gab es ein großes Gelächter und die Wächter bildeten einen Ring um die Gaukler und trugen die Verse vor und wiederholten am häufigsten von allen Worten „wie die faltigen Wangen und Backen des Lumpen aufgeblasen werden".

Die Gaukler fühlten sich, als ob sie gebraten werden würden, und verließen die Halle.

Doch der König holte Mani neben sich und behielt ihn anschließend in seiner Gesellschaft bis sie Bergen erreichten.

I 5. c) Bersöglisvisur

In seltenen Fällen wurde ein Skalde auch von einer Gruppe von Menschen in einem Königreich mit einer bestimmten Botschaft an den König beauftragt, wodurch dann sehr politische Lieder entstanden wie das „Bersöglisvisur", in dem sich die norwegischen Bauern um ca. 1038 n.Chr. bei König Magnus über die Zustände im Land und die Kriege beschwerten.

Der Vortrag eines Skalden begann oft damit, daß er mit seiner ersten Strophe um Ruhe bat.

Manchmal wurde ein Skalde von seinem Fürsten damit beauftragt, ein Lied über eine bestimmte Situation zu verfassen und dabei eine Anspielung auf eine bestimmte Mythe zu verwenden – und das oft innerhalb von nur wenigen Stunden oder noch schneller.

Es kam auch vor, daß ein Skalde ein politisches Propaganda-Lied für oder gegen seinen Fürsten verfassen mußte – aber das geschah eher selten.

I 6.   die soziale Stellung der Skalden

Man konnte haupt- und nebenberuflich Skalde sein. Manche Skalden waren bei einem Fürsten fest angestellt. Es gab auch viele Gelegenheits-Dichter.

I 6. a)   Skalden in den Sagas

In den Sagas wird oft erwähnt, daß ein Mann auch ein Skalde war. In der Regel wird jedoch nichts weiter über die Skaldentätigkeit dieser Männer gesagt.

I 6. b)   Runenstein bei der Kirche von Roslags Bro

In der Inschrift auf diesem Stein wird ein Skalde erwähnt. Dieser Beruf bzw. diese Tätigkeit war demnach so angesehen, daß er auch auf einer Inschrift erwähnt werden konnte.

Sigurd ließ diesen Stein errichten
in Erinnerung an seine Frau Kare.
Gott helfe ihrem Geist.
Thorbjörn der Skalde hat diese Runen geritzt.

Es waren naheliegenderweise die Skalden, die auch das Schreiben von Runen beherrschten – und vermutlich auch die damit zusammenhängende Zauberkunst.

I 6. c)   Hrafnsmal

In diesem Lied, in dem sich eine Walküre mit einem Raben unterhält, wird u.a. die Stellung der Skalden am Königshof beschrieben.

Walküre:
„Ich möchte Dich nach der Stellung der Skalden fragen,
da Du sichere Kenntnisse hast:
Du mußt die Schar der Dichter gut kennen,
die bei Harald lebt."

Rabe:

„Ihre Verbindung mit dem König ist an ihrer Kleidung
und an ihren Edelsteinen deutlich zu erkennen.
Sie besitzen scharlachrote Umhänge mit prunkvollen Borten,
mit Silber umwundene Schwerter,
Kettenhemden aus gebogenen Drähten,
vergoldete Schwert-Gurte und gravierte Helme,
Ringe an ihren Handgelenken
– all diese wurden ihnen von Harald verliehen."

I 6. d)   Die Geschichte über Gunnlaug Schlangenzunge

Für ein gut gelungenes Gedicht konnten Skalden hoch belohnt werden:

Gunnlaug sprach: „Ich habe ein Gedicht auf euch gemacht und möchte deshalb um
Aufmerksamkeit bitten!"
„Das hat früher noch niemand versucht," versetzte der König, „mir ein Gedicht zu
widmen, und sicherlich will ich es hören!"
Gunnlaug trug da eine Drapa vor und das ist der Kehrreim:

„Es nährt Sigtrygg mit Leichen der Riesin Roß."

Roß der Riesin = Wolf; den Wolf nähren = die Feinde töten

Auch findet sich folgende Stelle darin:

„Gar wohl weiß ich, welchen Sprößling von
königlichem Stamme ich preisen will: es ist Kvarans Sohn.
Nicht wird der Held Goldringe an mir sparen;
auf Freigebigkeit ist sein Sinn gerichtet;
solches ahnt dem Dichter.
Es sage mir der Fürst,
ob er genau hörte auf den herrlichen Sang;
das ist die Weise der Drapa."

Der König dankte ihm für das Gedicht, rief seinen Schatzmeister zu sich und sprach
so: „Wie hoch soll man das Gedicht lohnen?"
Jener versetzte: „Wie hoch wollt ihr, Herr?"

„Wie findet ihr es belohnt," sprach der König, *„wenn ich ihm zwei Handelsschiffe gebe?"*

„Das ist zu viel, Herr," entgegnete der Schatzmeister, *„andere Könige geben als Sangeslohn schöne Kleinodien, gute Schwerter oder Goldringe."*

Der König gab ihm sein Gewand von neuem Scharlach, einen mit Borte besetzten Rock, einen mit kostbarem Pelz verbrämten Mantel und einen Goldring, der ein halbes Pfund wog.

Gunnlaug sagte ihm den besten Dank, hielt sich da kurze Zeit auf und reiste dann nach den Orkneys.

I 6. e) Egil-Saga

Egil Skallagrimson hat einst seinen Kopf dadurch gerettet, daß er ein Loblied verfaßt hat, das anschließend „Haupteslösung", d.h. „Lösegeld für den eigenen Kopf" genannt worden ist.

Durch das Vortragen dieses Loblieds zwang er den Fürsten, der ihn zum Tode verurteilt hatte, ihn freizulassen. Dieser Möglichkeit muß ein alter Brauch zugrundeliegen, der jedoch nicht näher bekannt ist.

Da trat Egil vor ihn und begann mit seinem Gedicht und trug es mit lauter Stimme vor und erhielt sofort Stille.

„Ich segelte auf den Wogen nach Westen;
in mir gab Odin mir
die See des Gesanges, die ich besitze;
diese Fahrt war mein Wunsch:
Ich ließ meine schwimmende Eiche zu Wasser,
als die sich lockernden Eis-Flöße brachen;
mein Geist war ein Schiff,
das mit Skalden-Gedanken beladen war.

See des Gesanges = Göttermet, Dichtung
schwimmende Eiche = Schiff
Egil beschreibt hier das Dichten des Liedes, das er nun vorträgt, im Gleichnis zu einer Schifffahrt.

Ein Fürst hat mich zu Gast,
dafür gebührt ihm Lob:
Von Odins Trank soll nun
in England ausgeschenkt werden.
Lob bringe ich dem Fürsten,
Laut singe ich ihm zu Ehren,
Um Stille bitte ich ringsumher –
Mein Loblied ist gefunden worden.

   hat mich zu Gast = Ironie, da Egil der Gefangene des Königs ist, der ihn hinrichten lassen will
   Odins Trank = Dichtung; *Odins Trank ausschenken* = Dichtung vortragen

Herr, hört die Geschichte, die ich erzähle,
solche Aufmerksamkeit steht euch wohl an;
Ich kann meine Verse besser zeigen,
wenn ich Stille erhalte.
Der Herrscher kämpft mit Worten,
haben die Leute weithin vernommen,
doch nur Odin allein
sah vor ihn Leiber hingestreckt.

Von Schwertern, die auf Schilde schlangen,
erklingt ringsum der Lärm,
heftig ist der Kampf entbrannt,
der König rückt vor.
Er schlägt das Ohr und Blut
rinnt in Strömen von den Klingen:
das Lied des Eisen-Hagelsturmes –
schwer, laut und lange.

   Eisen = Waffen; deren Hagelsturm = Kampf

Ein geflochtener Zaun aus Speeren,
gut geordnete, dichte Borsten;
auf den königlichen Schiffen
glänzen jubelnde Reihen von Speer-Männern.
Schon bald brodelte dort das tosende Wasser
mit blutigen Flecken,

mit dem donnernden Klang der Kriegsflotte,
mit Wunden und Lärm ringsumher.

Reihen von vielen Männern
sanken unter einem Pfeil-Schauer nieder:
Eriks Name errang
Ruhm und Berühmheit!

Noch mehr könnte erzählt werden
und die Männer würden ihr Schweigen wahren:
weitere Taten und Ehren,
Ruhm erfüllt die Geschichten!
Überall waren Krieger-Wunden,
wo der Fürst den Kampf begann;
zitternde Schwerter zerbrachen
beim Schlag auf die blauen Schild-Ränder.

Brust-Platten zerbrachen klirrend,
Brennendes Helm-Feuer blitzte,
die beißende Spitze der Klinge
grub blutende Wunden.
Odins Eichen, sagen sie,
haben in diesem Eisen-Spiel
Baldrics kristallene Klingen
gebogen und niedergeworfen.

  Feuer = Schwert = Zerstörer; *Helm-Feuer* = Schwert
  Odins Eichen = Krieger
  Eisen = Waffen; *Eisen-Spiel* = Kampf
  kristallene Klingen = glänzende Schwertklingen

Speere flogen kreuz und quer,
Schwertschneiden klirrten:
Eriks Name errang
Ruhm und Berühmheit!

Der König schwang eine rote Klinge,
Raben versammelten sich über dem Feld;
tropfende Speere flogen überall:
tödliche Geschosse.

Schottlands Geißel fütterte
den Wolf, das Roß der Riesin:
Für den Adler waren die niedergetrampelten Toten
ein üppiges Mahl.

   Schottlands Geißel = König Erik, der Schottland erobert hat
   Riesin = Hel; ihr *Roß* = Wolf (ihr Wolfs-Bruder Fenrir)

Die Schlachten-Kraniche schwebten
über Leichen-bestreute Straßen;
die Schnäbel des Fleisch-Geflügels
fand reichlich Blut.
Während er überall
tiefe Wunden hackt,
bricht der grimme Schnabel
tiefe Blut-Quellen auf.

   Schlachten-Kranich = Raben
   Fleisch-Geflügel = Raben

Die Axt bereitete ein Fest
für das Roß der Menschenfresserin:
Erik gab auf den Wogen
den Wölfen ein Fleisch-Fest!

   Menschenfresserin = Hel; ihr *Roß* = Wolf (ihr Wolfs-Bruder Fenrir)
   Fleisch = Leichen; *den Wölfen ein Fleisch-Fest geben* = viele Krieger töten

Speere flogen rasch,
der Frieden floh in Angst;
Überall wurden Bögen gebogen,
die Wölfe waren Schlachten-froh:
Speere zerbarsten in Splitter,
Schwert-Zähne bissen hart;
Die Saiten der Bogenschützen sangen,
Pfeile schossen dahin.

Er warf seinen Schild auf den Rücken
mit seinem Ring-geschmückten Arm,
der gute Schwertspiel-Antreiber,

der Vergießer des Blutes der Feinde.
Immer lauter ertönte überall
– das kann ich bestätigen –
von Osten über die Wogen hin
Eriks klangvoller Name.

Schwert-Spiel = Kampf; Kampf-Antreiber = Fürst

Der König bog seine Eibe
und es flogen Wunden-schaffende Bienen:
Erik auf den Wogen
gab den Wölfen ein Fleisch-Festmahl.

Eibe = Bogen aus Eibenholz
Bienen = Pfeile (Bienen haben einen Stachel)

Doch um den Männern
den hochgemuten Geist des Königs
noch deutlicher zu machen
würde ich gerne rasch noch mehr singen.
Wenn er die Waffen ergreift,
weckt er die Schlachten-Göttin –
auf der Schild-geschmückten Seite des Schiffes
strömt die Schlachten-Flut.

Schlachten-Göttin = Walküre
Schilde: sie hingen an der Seite der Drachenschiffe
Schlachten-Flut = Blut

Er gibt Edelsteine vom Handgelenk,
er zerbricht glitzernde Armreifen:
der großzügiger Ringe-Verachter
liebt keine hortenden Geizhälse.
Frodis Gold-Mehl
erfreut die kühnen Seefahrer;
der Fürst verteilt verachtend
die Hand-schmückende Kieselsteine.

Edelstein = Armreif mit Edelsteinen
zerbrechen: die Armreifen wurden zerbrochen und die Stücke als Lohn verteilt

Ring-Verachter = Ring-Verteiler (verachten = fortgeben)

   Frodis Gold-Mehl = Gold = Armreifen (Frodi besaß eine Mühle, die u.a. Gold mahlte)

   Hand-schmückende Kieselsteine = Armreifen

Die Feinde können nicht
vor seiner Tod-bringenden Flamme bestehen;
der Eiben-Bogen sang laut,
die sich treffenden Schwertklingen klirrten laut.
Speere wurden geworfen,
doch er hielt das Land stets fest in seiner Hand,
der stolze, Ruhm-reiche Fürst Erik –
und seine Taten wurden von Ruhm gekrönt.

   Flamme = Schwert

Herrscher, urteile nach Deinem Willen
über meine Skalden-Kunst:
Solcherart Stille zu finden,
erfreute meinen Geist sehr.
Ich habe meinen Mund bewegt mit den Worten,
die sich in meinem Herzensgrund regten:
den Trank von Odins Woge,
der dem tapferen Krieger zusteht.

   Stille: das Schweigen der Zuhörer
   Herz: der Ort, an dem Gedanken und Worte und daher auch die Dichtung entstehen
   Odins Woge = Skaldenmet = Dichtkunst = Dichtung
   Krieger = König Erik Blutaxt

Ich habe die Stille gebrochen,
den Ruhm eines Herrschers gesungen:
Ich weiß Worte, die den Kriegern
im Rat angemessen sind.
Ich bringe das Lob aus meinem Herzen hervor,
preise den ehrenvollen König,
ich habe laut und klar gesungen:
das Lied, das alle hören konnten. "

   König Erik saß aufrecht, während Egil das Lied vortrug und blickte ihn scharf an.

Und als das Lied beendet war, sprach der König: „Das Lied ist wirklich gut vorgetragen worden – und nun, Arinbjorn, habe ich beschlossen, wie der Fall zwischen mir und Egil sein soll. Du hast mit großem Eifer für Egils Fall gesprochen, da Du einen Streit mit mir gewagt hast. Nun werde ich Dir zuliebe tun, worum Du mich gebeten hast und Egil sicher und unverletzt von meinem Land ziehen lassen.

Aber Dir, Egil, bestimme ich, daß Du nach Deinem Verlassen meiner Gegenwart und dieser Halle mir nie wieder unter die Augen kommst und auch nicht unter die Augen meiner Söhne und nie mehr vor mich oder einen meiner Leute trittst.

Doch ich lasse Dir für dieses mal Dein Haupt, da Du Dich aus freien Stücken in meine Macht begeben hast. Ich werde keine verräterische Tat an Dir verüben – doch sei Dir gewiß, daß dies keine Versöhnung mit mir oder mit meinen Söhnen oder mit irgendeinem aus meiner Sippe ist, die an Dir Rache nehmen wollen."

I 6. f) Skaldatal

Erpr der sich-Verbeugende beging einen Mord an einem heiligen Ort und wurde dafür zum Tode verurteilt. Er verfaßte eine Drapa auf den Hund 'Kot' des Königs und erhielt im Ausgleich dafür seinen Kopf.

„seinen Kopf erhalten" = Aufhebung des Todesurteils

I 6. g) Lebensgeschichten von Skalden

Von einigen Skalden wie Egil Skallagrimson, Cormac oder Fridthjof ist die gesamte Lebensgeschichte oder zumindestens ein großer Teil von ihr bekannt. Diese Skalden sind alle keine hauptberuflichen Skalden gewesen, sondern in erster Linie Bauern, Wikinger oder ähnliches. Sie haben jedoch nebenher über die verschiedenen Situationen, in denen sie sich befunden haben, Lieder gedichtet.

Egil Skallagrimson, der von 910 n.Chr. bis 990 n.Chr. gelebt hat, ist der erste Skalde gewesen, der auch über persönliche Erlebnisse und Empfindungen gedichtet hat. Bis zu dieser Zeit beschränkten sich die Skalden darauf, in ihren Liedern Mythen und historische Begebenheiten zu schildern.

Ein sehr großer Teil der Skalden dichtete über die Dinge, die ihm in seinem Leben widerfahren waren. Diese Tradition ist in der Zeit von ca. 940-990 n.Chr. durch Egil Skallagrimsson begründet worden. Vor dieser Zeit beschränkten sich die Skalden auf die Schilderung von Mythen und historischen Begebenheiten.

Die Skalden an den Höfen der Fürsten wurden für ihre Lieder zum Teil reich belohnt.

Ein Skalde konnten einen Fürsten, der ihn zum Tode verurteilt hatte, dadurch zwingen, ihn freizulassen, daß er ein Loblied über den Fürsten vortrug, das er den alten Regeln entsprechend neu gedichtet hatte.

I 7. Begegnungen von mehreren Skalden

Bei solch einer Vielzahl von Skalden blieb eine gewisse Konkurrenz unter den Dichtern natürlich nicht aus.

I 7. a) Die Geschichte über Gunnlaug Schlangenzunge

Bisweilen kam es auch zu einem Dichter-Wettstreit:

Um diese Zeit herrschte über Schweden König Olaf der Schwedische, der Sohn von König Eirek dem Siegreichen und von Sigrid der Herrschsüchtigen, der Tochter Skögul-Tostis. Er war ein mächtiger und ausgezeichneter König und sehr prachtliebend.

Gunnlaug kam nach Upsala um die Zeit des Frühlingsthinges der Schweden, und als er den König zu sehen bekam, grüßte er ihn. Jener nahm ihn freundlich auf und frug ihn, wer er wäre. Er sagte, er sei ein Isländer.

„Hrafn,“ sagte der König, „wie sind seine Verhältnisse auf Island?“

Da stand ein großer, kräftiger Mann von der niedrigeren Bank auf, ging vor den König und sprach: „Herr, er ist aus sehr guter Familie und selbst ein gar tüchtiger Mann!“

„Da mag er kommen und sich neben Dich setzen!“ sprach der König.

„Ein Gedicht habe ich euch vorzutragen,“ sagte Gunnlaug, „und ich wünschte, es möchte euch gefallen, in Ruhe es anzuhören!“

„Geht zuerst und setzt euch,“ versetzte der König, „es ist jetzt keine Zeit dazu, sich mit Gedichten abzugeben!“

Das taten sie dann auch.

Da kamen die beiden, Gunnlaug und Hrafn, miteinander ins Gespräch und jeder erzählte dem anderen von seinen Fahrten.

Hrafn sagte, er sei im Sommer von Island nach Norwegen gereist und dann erst zu Anfang des Winters östlich nach Schweden.

Sie schlossen bald gute Freundschaft. Eines Tages, als das Thing vorüber war, waren sie beide beim König, Gunnlaug und Hrafn.

Da sprach Gunnlaug: „Jetzt möchte ich darum bitten, Herr, daß ihr mein Gedicht anhörtet!“

„Jetzt geht das an,“ sagte der König.

„Jetzt will ich mein Gedicht vortragen, Herr!“ sagte Hrafn.

„Auch dagegen habe ich nichts,“ sprach jener.

„Ich will aber mein Gedicht zuerst vortragen, Herr," sagte Gunnlaug, „wenn es euch so gefällt!"

„An mir ist es, zuerst vorzutragen, Herr," rief Hrafn, „denn ich kam früher zu euch!"

Gunnlaug sprach: „Wo ist es zwischen unsere Vätern so weit gekommen, daß mein Vater sich Deinem hätte fügen müssen? Ich dächte doch nirgends, und so soll es zwischen uns auch gehalten werden!"

„Wir wollen die Höflichkeit beobachten," versetzte Hrafn, „daß wir uns deshalb nicht in einen Zank einlassen, sondern dem König die Entscheidung übertragen!"

Der König sprach: „Gunnlaug soll zuerst das Wort haben, weil er sich so schwer darein finden kann, wenn er seinen Willen nicht durchsetzt!"

Da trug Gunnlaug eine Drapa vor, die er auf König Olaf gedichtet hatte, und als er geschlossen hatte, sprach der König: „Hrafn, was ist dein Urteil über das Gedicht?"

„Ja, Herr," versetzte jener, „das ist ein schwülstiges, unschönes und rauhes Gedicht, gerade so wie Gunnlaug selbst in seinem Charakter ist!"

„Nun sollst Du Dein Gedicht vortragen, Hrafn!" sprach der König.

Jener tat es.

Als er fertig war, sagte der König: „Wie gefallt Dir dies Gedicht, Gunnlaug?"

Dieser versetzte: „Herr, das ist ein hübsches Gedicht, wie Hrafn selbst anzusehen ist, aber unbedeutend; wie konntest Du aber nur einen Flokkr auf den König dichten, fügte er hinzu, schien er Dir denn einer Drapa nicht wert zu sein?"

Hrafn versetzte: „Lassen wir das jetzt gut sein, später kommen wir wohl darauf zurück!"

Und damit gingen sie auseinander.

I 7. b) Morkinskinna

Das „Drängeln" der Skalden darum, als erster das eigene Loblied auf den König vortragen zu dürfen, ist auch noch von einer anderen Stelle her bekannt:

Es schien ihnen beiden ehrenhafter zu sein, wenn sie zuerst angesprochen werden würden.

I 7. c)   Widsith

In diesem Lied aus dem um 950 n.Chr. verfaßten Exeter-Buch spielen zwei Harfner: Widsith („Fern-Fahrender") und Scilling („Schilling" oder „Schneidender").

Da zupften Scilling und ich mit unseren klaren Stimmen
vor unserem ruhmreichen Herrn, begannen unser Lied,
sangen zu der Harfe, die laut erklang.
Ich habe immer wieder auf allen meinen Wanderungen gesehen,
daß der Fürst, der bei seinem Volk am beliebtesten ist,
derjenige ist, dem Gott ein Königreich und ein Volk gewährt,
damit er dieses besitzt und leitet, solange er auf Erden ist.
Während ich so umherzog und vom Zufall getrieben wurde,
zogen Sänger durch mein Land:
Sie sagen, was sie brauchen, sie bedanken sich mit Worten,
überall, im Süden und im Norden, finden sie einige Männer,
die Verse zu schätzen wissen und großzügig mit Geschenken sind,
die ihren Ruhm bei ihren Männer zu vergrößern wünschen
und große Taten vollbringen wollen bis alles vergeht,
Licht und Leben. Der, der Ehre erringt,
erhält immerwährenden Ruhm unter dem Himmel.

Der letzte Satz dieses Liedes ist eine alte indogermanische Formel, die den Antrieb der Fürsten, sich von den Skalden Liedern über sich selber verfassen zu lassen, zeigt. Durch das Verfassen eines Liedes über die Taten eines Fürsten wurde dieser Fürst zu dem Thema eines Kapitels in dem auswendiggelernten „Geschichtsbuch" der Skalden, die diese Lieder auch an anderen Fürstenhöfen vortrugen und sie anderen Skalden weitergaben.

Jeder der anwesenden Skalden wollte sein Gedicht als erster vortragen – vermutlich, weil dann die Aufmerksamkeit der Zuhörer und vermutlich auch ihr Lob am größten war. Als erster sprechen zu dürfen, war die größere Ehre für einen Skalden.
Die Skalden (die gut belohnt worden waren) trugen an den Höfen, zu denen sie kamen, das Lob der (freigiebigen) Fürsten vor.

I 8. Jakob Grimm: Deutsche Mythologie

Grimm betont in seinen Untersuchungen vor allem, daß der Priester, Dichter und Sänger/Redner ursprünglich dieselbe Person gewesen sind.

Maere bedeutet aber nicht allein fama sondern auch fabula und hier bieten sich andere noch anziehendere personificationen dar.

Wir gewahren, daß wesen, anstalt und fülle der poesie wie der sprache selbst in hohes alterthum reichen, daß mittel und vorzüge beider allmälich schwinden und auf anderm wege ersetzt werden müssen. die alte dichtkunst war ein heiliges, zu den göttern unmittelbar in bezug stehendes, mit weissagung und zauber zusammen hängendes geschäft.

Bevor die namen dichter und poet uns aus der fremde zugeführt wurden, gebrach es nicht an einheimischen schöneren. anfangs scheinen gedicht und vortrag ungetrennt, der sänger (althochdeutsch sangari, mittelhochdeutsch senger und singer) ist zugleich dichter, es wird nicht gefragt, wer das lied gemacht habe.

Ulfilas nennt den ἀδων liuþareis (althochdeutsch liodari?) und würde ihn vielleicht vom saggvareis (praecentor) unterscheiden.

Auch ἀοιδός stammt von ἀείδω, wie οἶδα von εἴδω, das digamma, erkennbar aus video und gothisch váit, ist abgefallen, folglich muß ein früheres αϝϝείδω und αϝοιδός angenommen werden, sänger und göttlicher seher (μάντις, lateinisch vates) sind dasselbe; ich halte hinzu das gothisch inveita (adoro), aus dem begrif des lobpreisens und feierlichen singens kann der des ehrens und anbetens hervorgehn.

Den Slaven heißt slava gloria, slaviti venerari, slavik der lobsingende, jubelnde vogel, wie ἀηδάν zu ἀείδω gehört, unser nahtigala zu galan canere. bezeichnet ἀοιδός einen sehenden, wissenden sänger, dichter, weissager, warum hätte nicht ein gothisches inváits, falls es ein solches wort gab, ähnliches dürfen ausdrücken?

Soll nun die kraft des schaffens und erfindens, wie in ποιητής d.h. faber (und auch unser smid galt vom fertiger des lieds, altnordisch liodasmidr) hervorgehoben werden, so diente dafür das althochdeutsche scuof, altsächsisch und angelsächsisch scôp, das zugleich an den höchsten schöpfer aller dinge und an die schaffende norn erinnert.

In altnordischer sprache kenne ich kein solches skôpr. dafür gewährt sie ein neutrales skáld, das ich nur unsicher im althochdeutschen nachzuweisen suche und dessen ursprung dunkel bleibt. skáldskapr ist poesis, wie das angelsächsische scôpcräft.

Die romanische dichtkunst des mittelalters entnimmt ihre technische Benennung vom provenzialischen trobar, italienisch trovare, französisch trouver für finden, erfinden, und der trobaire, trovatore, trouvere ist erfinderisch, wie der scuof schöpferisch.

Eigenthümlich steht das angelsächsische gid, gidd (cantus, oratio) Beovulf-Epos, giedd codex exoniensis; giddian (canere, fari) Cædmon und codex exoniensis und Beovulf-Epos; gidda (poeta, orator) vergleiche gidda snotor, giedda snotor. Leo hat es in dem irischen hat cit, git (carmen dictum) nachgewiesen.

Berühmt ist das celtische bard, irisch bard plural baird, welsh bardh, schon Festus: ›bardus gallice cantor, qui virorum fortium laudes canit‹; ›plurima securi fudistis carmina bardi‹; bardaea oder bardala hieß die lerche, gleich αηδών, nahtigala und slavik sängerin. kein denkmal überweist der deutschen sprache oder sitte solche barden.

Gesang, spiel und tanz erfreuen (τέρπουσιν) der menschen herz, sind die zierde des mahls (αναθήματα δαιτός), kummer stillend und bezaubernd (βροτῶν θελκτήρια). selbst der kranke gott stieg vom himmel herab und ließ sich durch die lieder der sänger erheitern.

Die dichtkunst heißt darum die frohe kunst, gesang die freude und wonne. bekannt ist das gai saber der trobadore, und joculator, joglar, jongleur aus jocus, joc, jeu spiel, scherz abzuleiten. aber schon den Angelsachsen war lied und spiel gleo (gaudium, englisch glee) vynn (wonne) oder dreám (jubilum): ›scôp hvîlum sang hâdor on Heorote, þa vas hæleða dreám‹; ›gidd and gleo‹ werden verbunden, der gesang ist healgamen (aulae gaudium), die harfe heißt gamenvudu, gleobeám (freudenholz, freudenbaum), spielen und singen ›gomenvudu grêtan‹ (grüßen, rühren, erregen); ›gleobeám grêtan‹; ›hearpan grêtan‹; ›hearpan vynne grêtan‹; ›hearpan vynne grêtan‹; außer grêtan wird vrecan (d.h. ciere, excitare) verwandt: ›gid vrecan‹ (cantum excitare); ›gid âvrecan‹ (lied erwecken); ›vordgid vrecan‹; ›geomorgidd vrecan‹.

Gleoman, gligman ist spielmann, gleocräft die fröhliche kunst, lied und spiel. im Wigalied geigen sechs fiedler allen kummer vom herzen. wer sie doch stets zu gebot hätte! und fornaldur sögur heißt es: leika hörpu ok segja sögur svâ at gaman þaetti at.

Ich will eine merkwürdige einstimmung der finnischen poesie anführen. zwar heißt das lied runo, der dichter runolainen, runoan dichten und singen, der gesang laulu, der sänger laulaja, laulan ich singe; in den epen aber finde ich ilo (gaudium) vom gesang und teen iloa (gaudium cieo) vom singen gebraucht.

Was so hohe bedeutung hat kann nicht unter den menschen selbst entsprungen sein, muß als himmlische gabe angesehn werden. dichten und singen ist von den göttern eingegeben, der sänger gottbegeistert: θέσπις αοιδή, αοιδή θεσπεσίη, θέσπις αοιδός, ὁ κεν τέρπησιν αείδων. die obersten götter zeigen sich als bewahrer und pfleger der göttlichen kunst, bei den Griechen Zeus und Apollo, bei uns Wuotan und Bragr, bei den Finnen Wäinämöinen. Saga war Wuotans tochter wie die Muse des Zeus; der Freyja gefiel minnesang: ›henni lîkaði vel mansöngr‹.

Die edda liefert einen reichhaltigen mythus von der dichtkunst ursprung, auf wel-

chen ältere anspielungen schon in Hâvamal anzutreffen sind.

Siehe dazu auch „Göttermet" in Band 69.

… … …

Aeschylus hütete des weinbergs, deutsche hirten weideten schafe oder rinder, als die gabe Wuotans ihnen nahte.

Hallbiörn wünschte das lob Thorleifs eines verstorbnen sängers zu dichten und ver-mochte es lange nicht, bis ihm bei nächtlicher weile Thorleif erschien, die zunge löste, und verschwindend noch an der schulter sichtbar wurde.

… … …

Auch der strömkarl bricht in weinen aus, wenn er zur harfe singt. Wie aber die gesamte natur, belebte und unbelebte, ihr mitgefühl an den klagen der menschen bezeigt, so wird erzählt, daß bei dem bezaubernden albleich der strom sein rauschen einhielt, die fische in der flut schnalzten, die vögel des waldes zwitscherten.

Nächst den göttern scheinen elbe und wassergeister in die geheimnisse der musik eingeweiht und der sanglehrende Hnikarr berührt sich mit Odinn selbst.

Von den göttern gieng sodann die gabe des lieds auf einzelne helden über, und die wirkung ihres gesangs wird in gleicher weise geschildert. zwei helden der deutschen sage ragen als sänger vor, Horant, von welchem es heißt, daß er alle menschen, ge-sunde wie kranke durch seine lieder fesselte, und

diu tier in dem walde ir weide liezen stên,
die würme die dâ solten in dem grase gên,
die vische die dâ solten in dem wâge vliezen,
die liezen ir geverte.

Des Hiarrandahliod gedenkt die saga über Herraud und Bosi neben dem ent-zückenden gŷgjar slagr (harfenschlag der riesin).

Den Nibelungen fiedelte held Volkêr:

under die türe des hûses saz er ûf den stein
küener videlære wart noch nie dehein:
dô klungen sîne seiten, daz al daz hûs erdôz,
sîn ellen zuo der fuoge diu wârn beidiu grôz,
süezer unde senfter gîgen er began:
do entswebete er an den betten vil manegen sorgenden man.

In der griechischen mythologie haben Orpheus und Amphion des sanges gewalt. Amphion sang, daß seiner leier die steine folgten und sich zur mauer fügten. dem Orpheus giengen felsen und bäume nach und die wilden thiere wurden ihm zahm; selbst die Argo lockte er vom land in die flut und schläferte drachen ein. da gleich ihm Hermôdr den gang in die unterwelt thut, und gerade um Balder alle wesen weinen, sollte man meinen, auch Hermôdr könne durch gesang und spiel auf sie gewirkt haben, wovon uns aber nichts überliefert ist.

den ene begyndte en vise at qväde,
saa faart over alle qvinder,
striden ström den stiltes derved,
som förre vor vant at rinde.

Ein lied macht tisch und bank tanzen (fornaldur sögur). Stolts Karin macht durch ihren gesang schlafen und aufwachen und tanzen. beispiele von der macht des gesangs über vögel und thiere. vergleiche die spanische romanze vom conde Arnaldos.

War nun die dichtkunst den menschen mit den göttern gemein, von göttern erfunden und übertragen worden, so folgt nothwendig, daß sie dem alterthum auch für ein amt und geschäft der priester galt und die begriffe von priester, weissager und dichter an einander rührten. hierbei lege ich einiges gewicht auf das vorkommen des angelsächsischen namens bregovine, der einen diener und freund des dichtergottes anzuzeigen scheint, wie wir noch heute den sänger einen freund oder günstling der Musen nennen.

In ländern und zeiten, die der dichtkunst hold waren, darf man auch den sängern, namentlich den höfischen eigenthümliche tracht, gleich den priestern, zutrauen; hier sind zumal die nachrichten belehrend, welche uns die welschen gesetze über stellung und vorrecht der barden am königshofe liefern, alle nordischen sagen bezeugen, in welcher ehre die skalden gehalten wurden. den dichtern des mittelalters widerfuhr an romanischen und deutschen fürstenhöfen ähnliche auszeichnung, und eine genaue untersuchung dieses anziehenden gegenstandes könnte noch in den jüngeren gebräuchen vieles hervorheben, was schon in der ältesten zeit seinen grund hat.

Zu beachten sind äußerungen mittelhochdeutscher dichter, worin die kunst des gesangs nicht als angelernt, sondern angeboren, d.h. von gott eingegeben, dargestellt wird: αυτοδίδακτος δ'ειμί, θεὸς δέ μοι εν φρεσὶν οίμας παντοίας ενέφυσε.

Heinrich von Morunge sagt: ›wan ich durch sanc bin ze der werlte geborn‹, gesang ist ihm auferlegt, seine bestimmung. ›sît ich von dir beide wort hân unde wîse‹. ›gab iu got sinne und sanges site‹. noch die späteren meistersänger drücken sich darüber aus: ›es trieb der heilig geist also zwölf männer froh, die fiengen an zu dichten‹. warum sollten heidnische dichter nicht ebenso ihre gabe auf Wuotans meth zurück geführt haben?

*Auch die wettgesänge scheinen aus der einfachsten natur der poesie selbst hervor-
gegangen. Wie weise männer des alterthums ihr wissen einander abfragten, helden
die kraft ihrer waffen aneinander prüften, sangen auch hirten und dichter um den
preis des liedes.*

*Odinn wollte die weisheit (ordspeki) des klugen riesen; Vingþôrr die des klugen
zwergs erkunden, der blinde gast die des königs Heidrekr; da werden lieder gesungen
und räthsel vorgelegt, Vafþrûdnir bedingt ausdrücklich ›höfdi vedja vid scolom höllo
i, gestr, um gedspeki‹ ums haupt soll gewettet werden wie sonst beim streit künstlicher
schmiede oder schachspieler.*

*Auch in dem krieg der sänger auf Wartburg wird das leben eingesetzt: ›nu wirt ge-
sungen âne vride ... stempfel muoz ob uns nu beiden stân alhie mit sînem swerte breit,
er rihte ab unser eime in roubes site dem man valles jehe!‹ als räuber mit dem
schwert soll der erliegende gerichtet werden. nicht der geschichte, der sage fällt
diese begebenheit anheim, aber sie lehrt uns, mit welchem ernst man die dichtkunst
gewohnt war anzusehn.*

*Hier sei auch des weit verbreiteten mythus gedacht von dem dichter, der sein eigen-
thum gefährdet sieht, weil das gedächtniß eines andern sich seiner lieder bemächtigt
hat. was zwischen Virgil und Bathyll ergieng wird verändert von Arnoldo Daniello
und einem jongleur berichtet, aber schon von dem indischen Kalidasa, dessen gedicht
vier brahmanen auswendig gelernt hatten.*

*Dieser Kalidasa und Valmiki galten für incarnationen Brahmas selbst; was konnte
das ansehen der dichter fester stellen, als daß sie ein avatara des erhabnen gottes
gewesen sein sollen?*

*Mit den göttern theilen göttinnen, mit helden und priestern weise frauen macht und
einfluß. unter den asinnen wird Saga gleich nach Frigg, neben Sol genannt, ihr
aufenthalt heißt Sökqvabeckr, der sinkende bach, eine große, geräumige stätte. auch
Sagones, Snorri scheint von ihr den namen zu haben.*

*Söcqvabeckr wird als ein ort geschildert, wo kalte wogen rauschen, da sollen Odinn
und Saga alltäglich froh aus goldnen schalen trinken.*

*Das ist der unsterblichkeit, zugleich der dichtkunst trank. Saga muß entweder als
gemahlin oder tochter Odins aufgefaßt werden, in einem wie dem andern fall ist sie
ihm als gott der dichtkunst identisch.*

*Den Griechen war die Musa tochter des Zeus, oft aber wurden drei oder neun Mu-
sen angenommen, die sich weisen frauen, nornen und schöpferinnen gleichen und an
quellen oder brunnen hausen.*

*Die kühle flut eignet sich für schwanfrauen, des Wunsches töchter. Saga kann nicht
anders sein als sage und erzählung, das personificierte, göttlich gedachte mære.*

*Unsere dichter des 13 jahrhunderts personificieren die aventiure und lassen eine
frau Aventiure gleich der norn über land zu der hütte des sängers ziehen, wo sie
anklopfen und einlaß begehren. noch heute erzählt man wie das märlein von haus zu*

hause wandert, wenn die reihe des erzählens von einem an den andern gelangt. Suchenwirt stellt eine erscheinung der frau Aventiure im wald auf blühender aue dar, sie war als frau Ehren bote durch das land zu königen und fürsten gewandert und stattet bericht ab; einen goldnen ring an den finger steckend verschwindet sie.

Zu bemerken finde ich noch, daß mittelniederländischen dichter die aventure persönlich im sinn der mittelhochdeutschen frau Sälde verwenden; ›die Aventure wacht‹; ›dat rat van Aventuren‹, ganz wie diu Sälde wachet, Säelden rat. ich wüste nicht, daß ihnen dabei romanische gedichte zum vorbild dienten.

Jenes wechselnde erzählen und umgehn des märchens oder der sage war schon römischer, griechischer brauch, wie aus Ovids metamorphosen zu ersehen ist, wo die Minyaden unter dem weben und spinnen sich durch erzählungen die zeit kürzen:

›utile opus manuum vario sermone levemus,
perque vices aliquid, quod tempora longa videri
non sinat, in medium vacuas referamus ad aures‹.
dicta probant, primamque jubent narrare sorores.

desierat, mediumque fuit breve tempus, et orsa est
dicere Leuconoe, vocem tenuere sorores.

poscitur Alcithoe, postquam siluere sorores.

Es war aber des Bacchus feiertag, der priester hatte geheißen ihn zu begehn; immunes operum dominas famulasque suorum, und der gott rächte sich, indem er das gewebe in ein geflecht von reben und epheu, die Minyaden in eulen und fledermäuse wandelte. gesangs der webenden frauen erwähnt auch Agathias.

So scheinen Holda und Berhta oft dem spinnen zu zürnen, das ihren heiligen tag entweiht, da sie sonst diese arbeit fördern und belohnen.

Auch die nornen kehren mit den spindeln ein und beim spinnen wird gesungen; die weisen frauen und göttermütter unseres alterthums dürfen als lehrerinnen des gesangs, der sage und spindel betrachtet werden.

Jakob Grimm betont, daß der Priester, der Zauberer, der Dichter und der Sänger/Redner ursprünglich dieselbe Person gewesen sind.

Durch diese Verbindung zum Kult und zur Magie hatte die Musik und der Gesang auch eine magische Wirkung und konnte z.B. wilde Tiere und sogar Drachen einschläfern.

Aus dem germanischen Skalden und dem keltischen Barden wurde im Mittelalter über den Spielmann der Troubadour und der Minnesänger – allerdings ist auch schon Loki sehr früh als „Gaukler" und „Spielmann" angesehen worden.

I 9. Zusammenfassung

Es sind ca. 485 Skalden und 36 Skaldinnen namentlich bekannt. Mindestens 148 von ihnen lebten in der historischen Zeit vor allem an den Höfen der Könige und Fürsten. Neben diesen bekannteren Skalden gab es auch noch eine große Zahl unbekannter Dichter. Fast alle diese Dichter übten auch noch andere Tätigkeiten wie Bauer und Wikinger aus.

Die beiden frühesten Skalden sind Starkad der Alte, der vermutlich eine Saga-Version des Tyr (der alte Göttervater) ist, und Bragi der Alte, der später zu einem Sohn des Odin (der neue Göttervater) geworden ist.

Die Skalden lernten die religiösen Lieder, d.h. insbesondere die Anrufungen der Götter, sowie verschiedene mythologische Erzählungen, die Stammbäume der Fürsten und die Loblieder der Fürsten auswendig und ergänzten sie durch eigene Dichtungen. Dieser poetische Corpus bildete die mündliche Überlieferung der Germanen.

Die Skalden und die Priester sind ursprünglich zwei Tätigkeits-Bezeichnungen derselben Person gewesen – der Skalde wurde erst recht spät von dem Priester deutlich unterschieden. Der Zeitpunkt dieser Trennung ist unklar – er könnte evtl. schon vor der Absetzung des Tyr als Göttervater um 500 n.Chr. gelegen haben, aber recht sicher nicht viel später als dieser Zeitpunkt, da die Skalden bereits um 800 n.Chr. auch ohne Priesteramt auftreten.

Die Dichtung wurde als göttliche Inspiration aufgefaßt – meistens als die des Odin, davor vermutlich als die des Tyr und in christlicher Zeit als die von Gott Vater. Dies Inspiration wurde in der Regel als das Trinken des Göttermets geschildert.

Das Dichten erforderte ein großes Konzentrationsvermögen, da die Verse nicht aufgeschrieben wurden, sie manchmal innerhalb von kurzer Zeit angefertigt werden mußten und die Lieder formal recht anspruchsvoll waren.

Neben den mythologisch-religiösen Liedern und den Loblieder gab es auch Spottlieder und humorvolle Dichtungen. Ein wichtiger Aspekt der Lieder war das Eigenlob des Skalden.

Die Skalden mußten auch Instrumente spielen können – in den Sagas werden vor allem Harfe und Flöte genannt.

Für ein gut gelungenes Lied bzw. für ein gut vorgetragenes Lied erhielten die Skalden von dem Fürsten einen Lohn – meistens einen goldenen Armreif, bisweilen aber auch mehr.

Hin und wieder kam es auch zu dem Wettstreit zwischen zwei Skalden, wobei jeder bestrebt war, sein Lied als erstes vorzutragen.

Ein Skalde konnte einen Fürsten, der ihn zum Tode verurteilt hatte, durch das

Vortragen eines Lobliedes auf diesen Fürsten dazu zwingen, ihn freizulassen.

Egil Skallagrimsson hat in der Zeit von 940-990 n.Chr. damit begonnen, auch persönliche Erlebnisse und Gefühle durch Lieder auszudrücken, was ihm schon bald viele Skalden gleichgetan haben.

II Die Skalden in der indogermanischen Überlieferung

Es gibt bei so gut wie allen Indogermanen Sänger, deren Aufgabe es gewesen ist, die kultisch-rituellen Texte vorzutragen. Diese Sänger waren daher im Grunde genommen Priester mit einer Sonderfunktion – sozusagen eine Art Prediger.

Entsprechend ähnelt die Haltung des keltischen Barden aus der Bretagne sehr dem meditierenden Priester auf dem Eimer aus dem germanischen Oseberg-Schiff oder auch den indischen Yogis.

älteste Darstellung eines Barden
(Bretagne, 200 v.Chr.)

Griff eines Eimers aus dem Oseberg-Schiff

meditierender Shiva

Während bei den Germanen Priester (Diar, Gode) und Sänger (Barde) um 1000 n.Chr. klar unterschieden werden, liegen beide bei den Kelten noch sehr nah beieinander. Die Statue eines Barden aus der Bretagne zeigt schon durch ihren konzentriert-meditativ Ausdruck, daß sie nicht nur einen Sänger im heutigen Sinne darstellt.

In Irland war der Oberbarde zugleich der Berater des Königs – er hat also die Funktion eines Druiden inne.

Bei einigen Barden wie z.B. Taliesin werden sowohl seine Druiden-Einweihung als auch seine Druiden-Fähigkeiten wie z.B. der Windzauber beschrieben.

Bei einigen weiteren indogermanischen Völkern wird ebenfalls zwischen dem Leiter des Rituals und dem Sänger unterschieden. So hießen die Kult-Sänger und später auch die „normalen Sänger" bei den alten Griechen „Rhapsoden" („der, der etwas zusammenfügt").

In den früheren indischen Schriften entspricht der Hotra („Rufer") in etwa dem Barden, Skalden und Rhapsoden. Er ist allerdings auch der Leiter der Rituale, also ein Sänger-Priester.

Bei den Hethitern finden sich gleich mehrere Spezialisierungen, deren Grundform der Vorlese-Priester und der Kultsänger sind.

III   Die Skalden in der jungsteinzeitlichen Überlieferung

Die Funktion des Dichters und des Sängers sowie des Priesters, der die heiligen Schriften vorträgt oder vorliest, findet sich in allen Kulturen, die von den frühen Ackerbauern in Mesopotamien abstammen. Zu ihnen zählen u.a. die Indogermanen, die Sumerer, die Elamiter, die Drawiden, die Semiten und die Ägypter.

Die Funktion des Bewahrers der Tradition, die bis zur Erfindung der Schrift in den frühen Königreichen in Mesopotamien und Ägypten um 3250 v.Chr. auswendiggelernt wurde, war innerhalb jeder Kultur notwendig, denn nur so konnten die Mythen, die Geschichte und die Rituale bewahrt werden, die dem Erhalten der Identität und der richtigen Ordnung dienten.

IV   Die Skalden in der altsteinzeitlichen Überlieferung

Diese Bewahrer-Funktion findet sich auch in allen anderen Kulturen, die von dem um 50.000 v.Chr. von Afrika aus in Eurasien eingewanderten Homo sapiens abstammen wie den asiatischen und australischen Völkern sowie den Indianern, die Amerika um 14.000 v.Chr. von Nordost-Asien aus besiedelt haben.

Auch bei ihnen ist die Stellung des Sängers eng mit den kultischen Aufgaben verbunden.

V Die Entwicklung der Skalden

vor 1.800.000 Jahren

Die allererste Wurzel der Skalden (wenn man es ganz weit faßt), ist die Entwicklung der Lernfähigkeit bei den Säugetieren und zum Teil auch schon bei den Reptilien. Man erlebt etwas, merkt es sich und kann es bei Bedarf abrufen.

Der nächste Schritt ist das sich-Merken von abstrakteren Vorgängen. Dazu gehört z.B. das Feuermachen durch den Menschen vor 1.800.000 Jahren.

vor 600.000 Jahren

Im engeren Sinne findet sich die Tätigkeit der Skalden seit der Erfindung der Schwitzhütten vor 600.000 Jahren, als der Homo erectus in das kalte Nordeurasien zog. Zur gleichen Zeit wurde auch das „Zeugungsfest" um Mittsommer erdacht, da die Kinder dann zum Frühlingsanfang geboren wurden und bis zum nächsten Winter schon ein halbes Jahr alt waren und dadurch bessere Überlebenschancen in der Kälte hatten.

Spätestens zu dieser Zeit wird sich auch der Schamanismus entwickelt haben: Bei einem Nahtod verläßt man den eigenen Körper und schwebt über ihm und erlebt auf diese Weise die eigene Seele („Astralkörper"), was dazu geführt hat, daß einige Menschen so lange geübt haben, bis sie willentlich ihren Körper verlassen konnten. Sie bekamen die Aufgabe, von den Seelen der Verstorbenen Rat und Hilfe für ihre Nachkommen zu holen.

Sowohl die Schwitzhütten-Zeremonie als auch das Zeugungsfest und der Kontakt zu den Ahnen verbesserten deutlich die Überlebenschance der damaligen Menschen. Der „Bewahrer der Tradition", der der Schamane gewesen sein wird, hatte eine lebenswichtige Aufgabe.

vor 50.000 Jahren

Als der Homo sapiens um 50.000 v.Chr. von Afrika nach Eurasien einwanderte, scheint die menschliche Kultur komplexer geworden zu sein: Schwitzhütten, Totempfähle, Höhlenmalereien, Statuetten der Muttergöttin und vermutlich noch mehr. Auch die technischen Errungenschaften wurden umfangreicher, wobei hauptsächlich der Steinschliff sicher bekannt ist. Schließlich wurden auch die Gemeinschaften der Menschen, die zusammenlebten, deutlich größer, was eine umfangreichere Organisation erfordert hat, deren Ablauf ebenfalls erprobt und bewahrt werden mußte.

Auch diese Dinge werden zu einem Wissensfundus geführt haben, der bewahrt werden mußte.

Zu diesem Wissen gehörte auch die Geschichte des eigenen Stammes.

um 8.400 v.Chr.

Um 8.400 v.Chr. wurde in Nord-Mesopotamien der Ackerbau erfunden, der ein weiteres, umfangreiches Wissen mit sich brachte, das aus der Erfahrung heraus entstand.

Zu dieser Zeit werden die ersten komplexeren, bildhaften Weltbeschreibungen entstanden sein: die Mythen.

um 7.000-2.800 v.Chr.

Diese Mythen haben sich bei dem nördlichen Zweig dieser Ackerbauern, die um 7.000 v.Chr. von Mesopotamien aus in die südrussische Steppe ausgewandert waren, zu den Indogermanen weiterentwickelt.

Die Mythen entwickelten sich bei ihnen deutlich weiter, da sie zu Viehzüchtern wurden, aber die grundlegende Funktion des Schamanen bleib dieselbe.

Durch die Entstehung immer stärker festgeschriebener Rituale entstand ein Kult, dessen Leiter allmählich von Schamanen zu Priestern, also zu „Gottesdienern" weiterentwickelten. Der Schamane blieb nebenher weiterhin bestehen und war für den Kontakt mit den Ahnen, Bestattungen und das Vorhersehen der Zukunft zuständig.

Durch die Entstehung des Priesterstandes wurde auch das in Liedern zusammengefaßte Wissen formaler geordnet – so wie z.B. die um ca. 1200 v.Chr. verfaßten Hymnen an die Götter im Rig-Veda vorliegen.

2.800 v.Chr. - 500 n.Chr.

Ab 2.800 v.Chr. begannen die Indogermanen zu expandieren und sich in verschiedene Völker zu differenzieren.

Wann sich der Skalde von dem Diar, also der Dichter von dem Priester getrennt hat, ist schwer zu sagen.

Die frühesten eigenständigen Dichter, die nicht zugleich auch Priester gewesen sind, finden sich schon recht früh in Ägypten und Sumer, die um 3250 v.Chr. gegründet worden sind. Beide Völker besaßen einen Schatz an Märchen, die den Eindruck von umgedeuteten Mythen aus früheren Zeiten machen.

Es wird also Erzähler gegeben haben, die auch Geschichten erzählt haben, die nicht zum aktuellen Kult gehört haben. Ob man diese Menschen allerdings schon „Dichter" nennen kann, ist fraglich.

Der Priester mußte zugleich auch Sänger sein, da er die rituellen Texte kennen mußte. Es konnte jedoch auch Sänger geben, die keine Priester waren.

Bei den nächsten Verwandten der Germanen, den Kelten, wurde zwar zwischen Barden und Druiden unterschieden, aber die Druiden waren auch Barden und die Barden waren selbst in der historischen Zeit in der Regel auch immer noch Druiden.

Das läßt vermuten, daß die Verselbständigung des Skalden-Standes auch bei den Germanen erst recht spät stattgefunden haben wird. Man kann vermuten, daß die Absetzung des ehemaligen nordgermanischen Sonnengott-Göttervaters Tyr durch Thor und Odin um 500 n.Chr. ein starker Impuls in diese Richtung gewesen sein wird.

700-940 n.Chr.

Aus der Zeit von 700-950 n.Chr. sind mythologische und historische Lieder sowie Mischformen von beidem bekannt.

um 850 n.Chr.

Um ca. 850 n.Chr. entwickelte der Skalde Bragi der Alte Bodda-Sohn die höfische Dichtungsform, die komplexen Regeln folgt und eine große Anzahl von Kenningarn (wie „Seeroß" für „Schiff") benutzt. Diese Form der Dichtung hat bis ca. 1100 n.Chr. die germanische Lyrik geprägt.

940-1000 n.Chr.

Ab 940 n.Chr. kam durch Egil Skallagrimsson das persönliche Lied hinzu. Allerdings bestand bis 1200 n.Chr. weiterhin ein großer Teil der Lieder aus Lebensläufen von Fürsten und Berichte über ihre Schlachten.

Spätestens mit Egil Skallagrimsson ist der Skalden-Stand vollkommen unabhängig von dem Priester-Stand geworden – obwohl Egil durchaus dazu in der Lage war, ein magisches Fluch-Ritual durchzuführen.

Die mythologischen Lieder enden um ca. 1000 n.Chr. aufgrund der Christianisierung. An ihre Stelle treten in bescheidenerem Umfang die Lieder in germanischen Stil, aber mit christlichem Inhalt. Zu dieser Zeit endete auch die Bindung zwischen dem Skalden-Stand und dem Priester-Stand – einfach deshalb, weil es so gut wie keine germanischen Priester mehr gab …

Da das Christentum die Schrift mit sich brachte, wurden nun vermehrt Geschichten und auch Lieder aufgeschrieben. Die Flut an überlieferten Liedern ab ca. 1000 n.Chr. kann also durchaus durch der Übernahme der lateinischen Schrift verursacht worden sein.

Wieviel vor 1000 n.Chr. bei den Germanen gedichtet worden ist, läßt sich schwer einschätzen.

Nach 1000 n.Chr. ist die Skaldenkunst in Island und Norwegen und z.T. auch in Schweden auf jeden Fall sehr beliebt und so weit verbreitet, daß sie ein normaler Teil des Alltags gewesen ist.

ab 1300 n.Chr.

Ab ca. 1300 n.Chr. ist die germanische Dichtkunst weitgehend in Vergessenheit geraten.

Sowohl von ihr als auch von der Dichtkunst der Kelten sind nur Überreste in der deutschen Sprache geblieben wie z.B. der germanische Stabreim in Redewendungen wie „Betten-Burgen und Bet-Bunker" für „Hotels und Kirchen" oder die keltische Anfangssilben-Wiederholung mit absteigendem Vokal wie in „Ri-Ra-Rutsch, wir fahren mit der Kutsch".

Verzeichnis der Themen

(die Zahl ist die Nummer des Bandes, in dem sich das Thema findet)

Eugel 7
Eule 40
Eyrgjafa 35
Faden 55
Fafnir (Zwerg) 32
Fährmann 49
Fala 35
Falkenkleid:
- der Freya 40
- der Frigg 40
Falke 40
Fallar 32
Farbauti 6
Farn 45
Farseti 6
Faulheit =>
Feuersitzen 55
Feima 35
Fenchel 45
Fenja 28
Fenrir 6
Fenrir 43
Fernhypnose 64
Ferse 63
Fessel 66
Fessel-Zauber 64
Feuer 55
Feuersitzen 55
Feuerzauber 64
Fialar 32
Fid 32
Fieberkraut 45
Fili 32
Fimafeng 39
Fimbulwinter 55
Finger 63
Finnalf 5
Finnar 32
Finnmark-Riese 34
Fiölkald 34
Fiölmor 39
Fiölnir 20

Fiölvör 35
Fiörgyn 20
Fiörgyn 23
Fisch 44
Fjölverkr 34
Fjötra 29
Flachs 45
Flegda 35
Fleur-de-lys 55
Fleggr 34
Fliege 40
Fluch 68
Flügel des Wieland 40
Flügelschuhe 67
Flugschuhe des Loki 40
Fluß 49
Freya 22
frühe Skaldenlieder 78
Freyr 15
Fried 29
Friedenszauber 6
Fridr 29
Frigg 21
Folde 20
Fonn 34
Forat 35
Forelle 44
Fornjotr 6
Forseti 19
Frägr 32
Franmar 37
Frar 32
Freki 43
Frosti 32
Frosti 34
Fruchtbarkeit 64
Fuchs 43
Frauenhaarfarn 45
Frühling 54

Frühlingstagund-
nachtgleiche 54
Fulla 29
Fullas Haarreif 60
Fullafle 34
Fundin 32
Fuß 63
Fylgia 50
Fynir 6
Fynir 34
Galar 32
Galarr 34
Galdr 64
Gallapfel 45
Gandalf 32
Ganglati 34
Ganglot 6
Gangr 34
Gangr 33
Gans 40
Gänsefuß 45
Garm 43
Gautan 39
Gautrek-Saga =>
Snotra
Geban 20
Geburts-Orakel 64
Gefäße 57
Gefion 20
Gefion-Geliebter 6
Gefiun 20
Gefjon 20
Geist 50
Geier 40
Geirahöd 31
Geiravör 31
Geirdriful 31
Geirönul 31
Geirröd 5
Geirrota 31
Geirskögul 31
Geitir 6

Geitla 35
Geitir 35
gelb 46
Geliebter der Gefion 6
Gerber-Schaber 67
Gerdr 28
Geri 43
Gespenst 50
Gestaltwandel =>
Verwandlung
Gesang 68
Gestilja 35
Getreide 45
Gewöhnlicher
Flachbärlapp 45
Geysa 35
Gialar 32
Gift 70
Gifur 43
Gigas 6
Gilling 6
Gillings Frau 28
Ginnar 32
Ginnungagap 49
Gjalp 35
Glamr 34
Glatundshundr 43
Glaumar 34
Glaumarr 34
Glaumr 6
Glenr 48
Glitni 5
Glöd 35
Gloi 32
Glück 64
Glückstrank 70
Glumra 35
Glymra 35
Gna 29
Gneip 35
Gnepja 35

Goi 34
Gold 55
Goldalter 55
Goldemar 7
golden 46
Goldhelm 66
Goldhörner von
Gallehus 57
Göll 31
Golnir 5
Göndul 31
Gorr 34
Görsemi 29
Götter 36
Götterdämmerung 55
Götterkampf 55
Göttermet 69
Götter-Tiere 44
Gottesurteil 64
Gurgelbiß 55
Grab 49
Grani 6
grau 46
Grendel 5
Grendels Mutter 35
Greppur 34
Grer 32
Grid 28
Grid 35
Grim 5
Grim 39
Grima 35
Grimhild 31
Grimling 5
Grimnir 5
Grim Struppig-Wange 79
Grip 35
Gripir 34
Grissa 35
Groa 28
Grottintanna 35

Grotunagard 52
grün 46
Gryla 35
Gudr 31
Gudrun 31
Gudmund 5
Gullnir 5
Gullveig 29
Guma 35
Gundelrebe 45
Gunn 31
Gunnlöd 28
Gunnthinga 31
Gürtel 60
Gusir 6
Gygr 35
Gylfaginning 77
Gyllir 5
Gyllir 34
Gyma 20
Gymir 5
Haarband 60
Haare 63
Habicht 40
Hafle 34
Hafli 5
Hafthi 39
Hagen 16
Hahn 40
Hala 35
Halfdan 39
Halfdan Brana-Ziehsohn 79
Halfdan Eisteinson 79
Hamdir 39
Hamingja 50
Hammer 66
Hand 63
Handschuhe 60
Hanf 45
Hannar 32
Hantel-Symbol 55

Har 32
Hära 35
Hardbeen 6
Hardgreip 35
Hardgreipir 34
Hardverkr 34
Harek Eisenkopf 6
Harfe 57
Harz 45
Hase 44
Hasel 45
Hastingi 34
Hati 5
Hati 43
Hattatal 77
Haudr 20
Haugspori 32
Haym 34
Hecht 44
Hedin 39
Hedin und Högni 79
Hefring 35
Heid 35
Heiddraupnir 5
Heide 49
Heidrek 39
Heidungi 6
Heilige Hochzeit => Wiederzeugung 55
Heiliger Hain = Weltenbaum 52
Heilung 64
Heilziest 45
Heimdall 8
Heimir 39
Heinir 34
Heith 35
Heithdraupnir 5
Hel 26
Helblindi 20
Helgi 39
Helgi Thorisson 79

Hel-Haut 49
Helidi 27
Hellebarde 66
Helreginn 5
Helm 66
Hengikefta 35
Hengiköpt 6
Hengjankapta 35
Hepti 32
Herbst 54
Herbsttagundnacht-gleiche 54
Herche 20
Herdentiere 42
Herdentierfell 42
Herfjötur 31
Hergrim Halbtroll 5
Hergunnur 35
Heri 32
Herja 31
Herkir 6
Herkja 35
Hermodr 37
Hertha 28
Hervor => Heidrek
Hervor und Heidrek => Heidrek
Herz 63
Hexe 58
Hianka 31
Hidde 34
Hild 31
Hildolf 5
Hildolf 20
Himingläva 35
Himmel 52
Himmelsrichtungs-Mandala 54
Himmelsträger-Zwerge 32
Hirsch 42
Hjaltrimul 31

Keiler 42
Kenningar 75
Kerbel 45
Kessel 57
Keule 66
Kiebitz 40
Kili 32
Kisi 34
Kiste 57
Kjallandi 6
Kjallandi 35
Klaufi 34
Klee 45
Kleima 35
Knochen 67
Knoten 64
Kobolde 36
Kol der Bucklige 39
Kolfrosta 28
Kolga 35
Kopf 63
Kormoran 40
Korn 45
Körperteile 65
Köttr 34
Kraftgütel => Gürtel
Krähe 40
Kraka 31
Kranich 40
Kräuter 45
Kreppvör 35
Kriegerin 62
Kreuzblume 45
Kreuzkraut 45
Krönung 64
Kröte 44
Kuckuck 40
Kuril 6
Kult 55
Kundalini 64
Kwasir 20
Kyrmir 6

Lachanfall 64
Lachen 55
Lachs 44
Landgeister 36
Lauch 45
Laufey 26
Laurin 7
Laus 40
Leber 63
Leib 63
Leidi 34
Leifi 6
Leifnir 6
Leikn 35
Leimrute 66
Leiter 49
Leirvör 35
Leopard 43
Lerche 40
Lidskialf 20
Liebestrank 70
Liebeszauber 64
Lif 39
Lifthrasir 39
Litr 6
Litr 32
Ljod 29
Ljota 35
Lodin 6
Lodinfingra 35
Lodur 16
Lofar 7
Lofn 29
Lofnheid 35
Logi 34
Loki 16
Loni 32
Lopthoena 28
Lori 35
Loricus 6
Löwe 43
Löwenmäulchen 45

Luchs 43
Lutr 34
Lyngheid 35
Magni 19
Malseron 34
Mana 35
Managarm 43
Mannus 20
Mardalla 27
Marder 43
Margerdr 35
Margerthur 35
Mangold 45
Mantel 67
Mantel der Nanna 67
Marnar 29
Märzviole 45
Maske => Helm
Maus 44
Meer 49
Meer der Zeit 55
Meer-Menschen 36
Mehlbeere 45
Mehltau 45
Meili 9
Meise 40
Menglöd 22
Menja 28
Menschenopfer 64
Messer 66
Midgard 52
Midgardschlange 41
Midi 6
Midjungr 34
Midwitnir 6
Mimir 6
Mist 31
Mistel 45
Mistkäfer 40
Mittelpfeiler =>
Yggdrasil
Mittsommer 54

Miötwitnir 32
Mjoll 34
Modgudr 29
Modgudr 31
Modi 19
Modrädnir 32
Modsognir 7
Mögthrasir 6
Moin 32
Mökkurkjalfi 6
Molda 35
Mona 20
Mond 48
Mondul 32
Moosfrau von
Saalfeld 32
Moosleute von
Arntschgereute 32
Mörn 35
Möwe 40
Mühle 66
Mundilfari 6
Munin 40
Munnharpa 35
Münze 67
Muspel 6
Muspelheim =>
Feuer 52
Myrkrida 35
Myrkvid 49
Nabbi 32
Nacktheit 60
Nadel 55
Nägel 55
Naglfar 49
Nain 32
Nali 32
Namensgebung 64
Nanna 21
Nauma (Hel) 35
Nar 32
Narfi 6

Nari Loki-Sohn 19
Nati 6
Naudir 36
Nebel 64
Nefia 35
Nehalennia 29
Neri 30
Neris Schwester 30
Nerthus 28
Nepr 20
Nessel 45
Netz 67
Neuentstehung aus
den Knochen 55
neun Heimdall-
Mütter 35
neun Schwestern 35
Niblung 7
Niblung 39
Nicor 34
Nid 64
Nidi 32
Nidr 28
Nidud 16
Nieswurz 45
Niflheim => Eis 52
Niping 32
Nirdir 10
Niola 48
Njola 48
Njörd 10
Njörun 29
Nölvi 10
Norden 54
Nordosten 54
Nordri 32
Nordwesten 54
Nori 32
Nornen 30
Norr 34
Norr 48
Nott 48

Nyi 32
Nyr 32
Nyrad 32
Oddrun 31
Odin 13/14
Odr 20
Ofoti 5
Öflugbarda 35
Öflugbardi 6
Ogautan 39
Ogladnir 6
Ogn 35
Ohr 63
Oin 7
Olius 32
Ölwaldi 5
Omen 71
Onarr 48
Öndudr 6
Onn 32
Opfer 64
Orakel 71
Oregano 45
Ori 32
Örnir 6
Ortnit 34
Ösgrui 5
Öskrudr 34
Ostara 29
Osten 54
Otr 32
Otter 44
Otunfaxe 39
Penis 55
Perchta 28
persönliches Glück 64
Pfeil 66
Pferd 42
Pferdezwillinge 12
Pflug 67
Phol 9
Polygamie 55

Priester 60
Priesterin 58
Prolog (Edda) 77
Prophezeiung 71
Pukis 36
Rabe 40
Rad 67
Radgrid 31
Radvör 35
Ragnar Lodenhose 39
Ragnarök 55
Ran 27
Randalin 31
Randgnid 31
Randgrid 31
Rangbeinn 5
Rasereitrank 70
Raswid 32
Rätsel 76
Raud 34
Raugnir 34
Raum 6
Reck 32
Regenbogenbrücke
49
Regin 7
Reginleif 31
Reiher 40
Rentier 42
Riesen auf der West-
Insel 6
Riesen-Baumeister 6
Riesen von
Feldkirchen 34
Riesen von
Lichtenberg 35
Rifingalfa 35
Rifingöflu 35
Rigingöflu 35
Rind 42
Rindr 20
Ring 57

Ringkampf 55
Rist 31
Robbe 44
Rögnir 7
Rose 45
Röskva 37
rot 46
rota 31
Rotkehlchen 40
Rücken 63
Rud 35
Rudent 6
Rudi 34
Runa 35
Runen 72
Runenkästchen von
Auzon => Kiste
Runenstein 64
Runenstein von Ardre
64
Rußland-Riese 6
Rütze 35
Rygi 35
Saemdill 6
Saga 28
Sährimnir 42
Säkarsmuli 6
Salbei 45
Salfangr 6
Sam 34
Sämingr 39
Sanngrid 31
Sati 51
Säule => Weltenbaum
52
Saxnot 20
Sceaf 20
Schachtelhalm 45
Schädelschale 63
Schadenszauber 64
Schaf 42
Schafgarbe 45

Tasche 60
Tätowierungen 55
Tattoo 60
Tau 52
Taufe 64
Teer 45
Telemark-Riese 5
Telepathie 64
Teller 57
Tempel 56
Teufelsabbiß 45
Thagnar 31
Theck 32
Thialfi 37
Thiazi 5
Thing 73
Thiodwitnir 34
Thistilbardi 34
Thjodrerir 7
Thögn 31
Thökk 35
Thor 17
Thora 28
Thorgerdr Hölgabrudr 29
Thorin 7
Thorir 6
Thorn 5
Thorstein Haus-Macht 79
Thrain 32
Thrasir 6
Thrigeitir 5
Thrivaldi 5
Thröng 29
Thror 7
Thror 20
Thror 32
Thorri 34
Thrud 31
Thrudgelmir 5
Thrudr 29

Thrungva 29
Thrym 6
Thulur 77
Thundr 6
Thundr 29
Thurbiörd 35
Tiere 44
Tiere der Götter 44
Tierfelle 60
Tierfelle bei Hinrichtungen 67
Tor 49
Torfa 35
Tote wiederbeleben 64
Tragestange 67
Trana 35
Traum 71
Traumdeutung 71
Traumfrau 31
Trima 31
Trolle 36
Trona 35
Tuch 57
Tuisto 20
Tuisto 33
Turm 56
Tyr 3
Tyr-Riesen 5
Udr 35
Uffe 39
Ulfhedinn 62
Ulfrun 35
Ullr 11
Umhang => Mantel 60
Uni 20
Unn 35
Unsichtbarkeit 64
Unsichtbarkeits-Stein 67
Urd 30

Uri 20
Utgard 52
Utgardloki 6
Ungeheur 41
Utiseta 50
Vagnhöftdi 34
Valbrandur 5
Vali Loki-Sohn 19
Valthögn 31
Vandil 5
Vandlir 5
Var 29
Vardrun 28
Vardrun 35
Vardruna 35
Vasad 6
Vatermord 55
Velle 5
Venus 48
Verbene 45
Verdandi 30
Vervielfältigung von Körperteilen 65
Vergessenheitstrank 70
Verirren auf der Hirschjagd 55
Verr 34
Verwandlung:
- einer Frau in einen Mann 65
- einer Frau in eine andere Frau 65
- eines Mannes in eine Frau 65
- in Adler 65
- in Bär 65
- in Drache 65
- in Eber 65
- in Falke 65
- in Fliege 65
- in Floh 65

- in Fuchs 65
- in Geier 65
- in Habicht 65
- in Hecht 65
- in Hirsch 65
- in Hund 65
- in Krähe 65
- in Lachs 65
- in Löwe 65
- in Mücke 65
- in Otter 65
- in Pferd 65
- in Rabe 65
- in Rind 65
- in Robbe 65
- in Schlange 65
- in Schwalbe 65
- in Schwan 65
- in Seekuh 65
- in Spinne 65
- in Tier 65
- in Vogel 65
- in Wal 65
- in Walroß 65
- in Widder 65
- in Wolf 65
- in Ziege 65
- in Ziegenbock 65
Vidblindi 5
Viddi 34
Vidgreipr 34
Vidgymir 5
vier Riesen-Ritter 34
vier Stier-Riesen 34
viertüriges Haus 52
Vifflöd 29
Vignir 34
Vikarr 6
Vilja 20
Vindr 34
Vingnir 6
Vingrip 34